Bosquejos
de sermones
para
Días Especiales

José Luis Martínez

Editor/Compilador

Casa Bautista de Publicaciones

CASA BAUTISTA DE PUBLICACIONES

7000 Alabama Street, El Paso, Texas 79904, EE. UU. de A.

www.casabautista.org

Nuestra pasión: Comunicar el mensaje de Jesucristo y facilitar la formación de discípulos por medios impresos y electrónicos.

Bosquejos de sermones para días especiales. © Copyright 1993, Casa Bautista de Publicaciones, 7000 Alabama Street, El Paso, Texas 79904, Estados Unidos de América. Todos los derechos reservados. Prohibida su reproducción o transmisión total o parcial por cualquier medio, sin el permiso escrito de los publicadores.

Las citas bíblicas están tomadas en su gran mayoría de la *Versión Reina-Valera Actualizada*, © Copyright 1989, Editorial Mundo Hispano. Usada con permiso.

Ediciones: 1993, 1997, 1999, 2001, 2003, 2005, 2006
Octava edición: 2008

Clasificación Decimal Dewey: 251.02

Temas: Sermones – Bosquejos
Días festivos – Sermones

ISBN: 978-0-311-43046-8
CBP Art. No. 43046

1 M 5 08

Impreso en Colombia
Printed in Colombia

INDICE

LISTA DE COLABORADORES

1. Arturo Alarcón González
2. Víctor Jesús Cabrera
3. Arnoldo Canclini
4. Juan Carlos Cevallos A.
5. José D. Colchado Añazco
6. Jorge Luis Cordero Rojas
7. Sindulfo Díez-Torres
8. Alberto Daniel Gandini
9. Rudy A. Hernández
10. Lemuel J. Larrosa
11. José Luis Martínez
12. Fernando de la Mora Rivas
13. Roberto Velert Chisbert
14. José S. Vélez D.
15. Richard F. Vera

PREFACIO

La predicación es una aventura fascinante y desafiante. Tener el privilegio de hablar en el nombre del Señor es una bendición y también una tremenda responsabilidad. La mayoría de los siervos de Dios son conscientes de ello y se aprestan cada semana con temor y temblor para servir lo mejor que saben y pueden a Aquel que los llamó a ministrar a las personas con su Palabra.

El predicador sabe que las personas acuden al templo con el anhelo de ser bendecidas mediante la exposición de la Palabra de Dios. Buscan una palabra de explicación, renovación, consejo, exhortación, confirmación, fortalecimiento, que les ayude en las dificultades, perplejidades, frustraciones, dudas y batallas de la vida. El predicador siente esa carga en su corazón y se pregunta cómo podrá él tocar la vida de su gente y serles de bendición. La palabra en la que está pensando, ¿será la apropiada?, ¿sabrá decirla bien?

Muchos predicadores han encontrado en su experiencia que una manera apropiada de ministrar a su pueblo es hacerlo predicando acerca de los muchos días especiales que aparecen en el calendario litúrgico cristiano. La vida humana es muy variada en necesidades y situaciones diferentes, y presentar el mensaje bíblico usando la riqueza de aspectos que ofrecen los días especiales, puede ser una manera muy atinada de responder a esas necesidades y situaciones.

Es bien cierto que cada día del año es significativo, porque es un regalo que recibimos de Dios. Pero hay días que tienen un significado muy especial debido a la idea o evento únicos relacionados con ellos. Hacemos muy bien en tener esos "días especiales" y mejor aún si los celebramos, porque los seres humanos necesitamos tener motivos para recordar las cosas principales de la vida.

Por supuesto que ningún predicador se va a olvidar de festividades cristianas tan señaladas como son la Navidad y Semana Santa, pongo por caso; pero, ¿qué de los otros días especiales? ¿Recordamos y usamos esas oportunidades de la manera más conveniente?

En ocasiones también sucede que después de haber predicado varias veces sobre el tema de esos días especiales, ya no tenemos mucho más que decir que sea nuevo en contenido y diferente en presentación. Evidentemente, necesitamos ayuda. Ayuda práctica que nos renueve, nos enriquezca y nos permita profundizar en los temas.

Este libro de bosquejos de sermones contiene ideas, aportadas por quince predicadores del mundo hispano, para bastantes de esos días especiales. Son ofrecidos como elementos de refresco para soldados que por estar a diario en la primera línea de batalla, sienten el desgaste de esa lucha incesante y agonizante que es la preparación de mensajes adecuados para las necesidades de su pueblo. Estas ideas se ofrecen para estímulo del pensamiento propio de nuestros hermanos predicadores del mundo hispano. Confiamos y pedimos a Dios que el esfuerzo no sea en vano. Si de verdad sirven de inspiración y ayuda, toda la honra y la gloria sea dada a Aquel que es el dador de todo don y la fuente de nuestra inspiración.

José Luis Martínez

Año Nuevo

EMPEZAR OTRA VEZ
Jeremías 18:4 y Marcos 17:2-9a

Introducción

Hoy es el primer domingo de un nuevo año y de alguna forma todos somos conscientes de que hemos de empezar otra vez. Los niños tienen que ir a la escuela después de unos días de vacaciones y nosotros también hemos de volver a nuestras tareas habituales

La vida está constituida de tal manera que es inevitable. Cuando dejamos lo habitual, luego hay que emprenderlo otra vez.

No sólo en el nuevo año, sino en las circunstancias de la vida, hay dos experiencias de signo contrario, cuando hay que comenzar de nuevo:

1. Después de un tremendo fracaso.

Cuando las cosas se han hecho pedazos, cuando no hemos experimentado otra cosa que la ruina, cuando nos hemos sentido miserables. A pesar de todo, hemos tenido que hacer un esfuerzo, "de tripas corazón", para empezar de nuevo.

Depende del espíritu con que comencemos, que podremos ahora triunfar, o fracasar aun más rotundamente, hundirnos más.

2. Después de un éxito extraordinario.

Cuando nos hemos sentido elevados a la cumbre, alabados por todos los demás. Hemos estado muy arriba y no hemos tenido ganas de empezar de nuevo. Cuando uno está arriba quiere agarrarse al lugar, quedarse allí, pero llega un momento en que hay que descender.

Estas dos experiencias de signo tan contrario se reflejan en dos pasajes de las Sagradas Escrituras.

Una es la experiencia del alfarero y otra la transfiguración. Ambas nos hablan de la necesidad que tenemos, sea después del triunfo o del fracaso, de volver a empezar.

I. DESPUES DEL FRACASO

A. Seguramente recordamos que cuando Judas devolvió las 30 monedas de su traición, no sabían qué hacer con ellas y compraron el campo del alfarero. Se cree que aquel campo es donde había trabajado el que contempló Jeremías.

B. La figura es suficientemente elocuente y conocida:
   1. Los *dedos* del alfarero.

9

La mano de Dios que con delicadeza nos moldea para hacernos a su voluntad.

2. El *torno*, que da vueltas como la vida y nos somete a toda clase de experiencias, dolorosas algunas de ellas.

3. El *barro*, como en Génesis.
   Material demasiado frágil como para fabricar monumentos que perduren. Y sin embargo, lo que más vitalidad tiene, lo que más usamos y cuidamos.

4. *Otra vasija*. La misericordia de Dios que nos ofrece otra oportunidad.

C. ¡Quién hay de nosotros que no quisiera ser hecho de nuevo! ¡Quién hay que no quisiera poder empezar adecuadamente otra vez! ¡Quién hay que no quisiera ponerse en las manos de Dios para que salga un proyecto que sea más bonito que el que ha salido hasta ahora!

D. Quisiéramos ser una vasija de oro, pero no ha resultado. Pero hay la posibilidad de ser una vasija de plata... O puede ser que no resulte, pero puede ser de una loza especial, todavía bella, práctica, que Dios puede utilizar todavía.
   Hay muchas clases de vasijas.

E. Dios tiene un plan. El alfarero, un ideal. Si hemos fracasado, empecemos otra vez:
   1. De otra forma.
   2. Con una nueva visión o perspectiva.
   3. Con un nuevo poder.

II. DESPUES DE UN EXITO

A. Algunas veces hay que empezar otra vez después de un éxito, que aunque en la vida no sean tantos, también nos depara ocasiones en que nos sentimos orgullosos por encontrarnos en la cumbre.

B. Puede ser que en este año hallamos alcanzado algunas cosas: una posición mejor, unos momentos de popularidad (una boda).

C. Los discípulos suben al monte con Jesús. Es una experiencia luminosa. ¡Qué bien se sienten allí! No quieren empezar de nuevo. No se deciden a emprender el trabajo y la rutina diaria. Se quieren quedar allí.

D. Los sinópticos relatan que los discípulos que habían quedado abajo no pudieron auxiliar a un muchacho endemoniado. Nosotros nos sentimos más identificados con los que quedan abajo que no pueden hacer lo que quieren. Porque hay más veces que no podemos hacer lo que queremos. Los otros no quieren bajar.

E. Sin embargo, la vida está hecha de manera que no hay más remedio. Por muy alto que podamos llegar, cada mañana hay que empezar nuevamente al pie del monte para volver a ascender.

F. Todo lo viejo no es sino escudarnos en nuestra cobardía o en nuestra incapacidad.

1. Como el muchacho que habiendo salido de la niñez quiere chuparse el dedo para sentirse bajo la protección inicial de la madre.
2. O el joven que en la vida profesional quiere mostrar los certificados de la escuela: allí sí que era grande.
3. O como adulto que cuenta sus conquistas de juventud.

G. Todo es la confesión de lo que no podemos hacer. Es necesario volver a empezar. Queramos o no. Es una ley de la vida.

Solamente hay *una diferencia:*

1. Podemos empezar solos, llevando ya el fracaso en el alma, o la ilusión absurda del éxito anterior.
2. Podemos empezar pensando que las manos eternas son las que nos conducen para el proyecto final.

Conclusión

1. Cada nuevo año nos da la oportunidad de reflexionar un poquito, en que es un nuevo año más que hemos vivido; en que es un año menos que nos queda. Nos da la oportunidad de pensar que podemos hacer algo más por el Señor que en el año pasado no hemos realizado. Podemos rendir un poquito más de lo que hemos rendido anteriormente.
2. Ya que vamos a empezar, por qué no hacerlo estando más cerca del Señor, asiéndonos más de él, sintiéndonos más cerca de él.
3. Estás obligado a empezar otra vez, pero no estás obligado a empezar con el Señor. Obligado a emprender tareas desagradables, pero libre para aceptar lo que el Señor te ofrece para empezar adecuadamente.
4. ¿No queremos decir: Señor, voy a empezar otra vez. Quiero que sea realmente contigo?
5. ¿Y si la vida termina en este año? Entonces, vamos a empezar otra vez, con Dios en la eternidad.

Sindulfo Díez-Torres

¡FELIZ AÑO NUEVO!
Santiago 4:13-15

Propósito específico

Persuadir a los hermanos de la gran bendición de poner en las manos de Dios todos nuestros buenos propósitos y planes para este año nuevo, en garantía del éxito anhelado.

Introducción

1. En una fecha como ésta predomina el deseo que se escucha por doquier de "Feliz Año Nuevo".
2. Un nuevo año feliz, será posible si nuestros propósitos y los planes que hagamos para el futuro se realizan y alcanzan el éxito a que todo hijo de Dios debe y tiene el derecho de aspirar:
   — Exito en la vida y la sociedad.
   — Exito en las tareas y menesteres escolares.
   — Exito en la familia y el hogar.
   — Exito en el trabajo y los negocios.
   — Exito en el reino del Señor Jesucristo.
3. En nuestro texto, Santiago nos ofrece la oportunidad de reflexionar en dos actitudes humanas. Una, peligrosa y de cuidado, y la otra que viene a ser garantía del éxito que la Palabra de Dios nos promete. Veamos cada una de estas actitudes.

I. LA ACTITUD DEL HOMBRE INSENSATO QUE HACE PLANES SIN TOMAR EN CUENTA A DIOS

Clave en la consideración: Nada hay seguro.

A. Ninguna persona tiene potestad sobre su propia vida.
   1. ¿Cuántos años le quedan de vida? (Sal. 90:9, 10).
   2. El tiempo en sí no puede controlarse (Prov. 27:1).
B. Ningún trabajo o negocio está garantizado.
   1. Hay quienes trabajan mucho y no disfrutan de sus ganancias (Luc. 12:16-21).
   2. Otros procuran riquezas sujetas a juicio divino (Stg. 5:1, 2).
C. No obstante, esta incertidumbre no debe ser motivo ni para el terror ni para dejar de tener buenos propósitos y buenos planes. Aquí es donde nuestro texto nos ayuda señalando la actitud correcta que garantiza el éxito.

II. LA ACTITUD DEL HOMBRE SABIO QUE PLANEA DE CONFORMIDAD CON DIOS

A. Si Dios quiere viviremos este año.
   1. Vivamos en el Señor (Hech. 17:25).
   2. Vivamos para el Señor (Rom. 14:7, 8).
B. En el nombre del Señor hagamos planes para este año nuevo.
   1. Para tener provecho en todo nuestro trabajo (Ecl. 1:3).
   2. Para hacer tesoros en el cielo (Mat. 6:20).

Conclusión

1. Si Dios quiere, este año nuevo será una oportunidad más que Dios nos concede para vivir la vida abundante en Cristo.
2. Si Dios quiere todos nuestros propósitos y planes se verán aprobados por su santa voluntad.
3. Porque Dios quiere, deseémonos todos ahora un muy "Feliz Año Nuevo".

Arturo Alarcón González

ANALIZANDO EL FUTURO EN AÑO NUEVO
Salmo 39

Introducción

El paso de un año a otro produce naturalmente el deseo de hacer un examen del pasado, así como de tomar decisiones para el futuro. En este Salmo, al insistir en la transitoriedad de la vida, David expone cuáles son nuestros recursos para el tiempo que tenemos por delante. Para ello, debemos repasar todos los factores que componen ese futuro.

I. EN CUANTO AL MUNDO QUE NOS RODEA

A. Hay muchas cosas que no dependen de nosotros y eso no podemos pasarlo por alto al tomar decisiones. Entre esos factores están:
   1. En qué país y época estamos.
   2. Por quiénes estamos rodeados.
   3. Si somos o no cristianos.
B. Debemos asimismo prever la aparición de lo imprevisible, o sea aquello que escapa de nuestros cálculos (v. 6).
   1. Algunas cosas son imaginables como el romance, los hijos, las mejoras familiares, etc.

2. Otras no lo son, como las características naturales, las desgracias (p. ej. una enfermedad o duelo), etc. (Prov. 27:1; Ecl. 3:22).

II. EN CUANTO A NOSOTROS MISMOS

La mayor posibilidad de controlar el futuro —fuera de la voluntad de Dios— somos nosotros mismos. Cada uno tiene una constitución y un ambiente que es único y sólo en base a ello se puede prever, calcular y edificar el futuro. Esto se relaciona con nuestro presente (lo que somos), así como con el futuro y el pasado.

A. Por lo que haremos, ya que somos en gran parte constructores de nuestra propia vida (Ecl. 3:22).
   1. Ello nos exige trazar planes. No es sabio cerrar los ojos al futuro con frases seudopiadosas como "Dios proveerá" o "El cuida de las aves". No se debe confundir previsión con angustia (v. 5).
      — Tenemos que prever posibilidades, como la de un ladrón, o el regreso del amo (Mat. 24:32).
      — Debemos analizar qué cosas hay que retocar.
      — Lo ocurrido este año que se acaba nos da muchas luces.
   2. Debemos cuidar especialmente de aquello que depende de nuestras decisiones.
B. Por lo que hemos hecho en el pasado (vv. 8-10).
   1. Lo hecho en el pasado influye en todo el futuro.
   2. Ello va formando nuestra vida, especialmente en la juventud.
   3. Debe basarse en la práctica de la vida espiritual: "Velad y orad" (v. 13).

III. POR LA INTERVENCION DE DIOS (v. 7)

A. Dios gobierna y dirige la historia, o sea también aquellos factores que nosotros no podemos controlar. Pero nuestra oración puede influir en ellos.
B. Dios puede ayudarnos a cumplir nuestros planes.
   1. Podemos hacer propósitos (vv. 1-3).
   2. A veces actúa por caminos que parecen extraños (Juan 13:7).
C. Es el único que puede anular las consecuencias del pasado.
   1. El perdón borra el pecado (v. 8).
   2. Nos da una nueva vida interior.
   3. Nos hace nacer de nuevo (v. 11).

Conclusión

El futuro es un interrogante para todos (v. 7a: "¿Qué esperaré?"); para el creyente es una esperanza en Dios (v. 7b).

Arnoldo Canclini

UN NUEVO ORDEN
Génesis 1:2

Introducción

El caos imperaba por doquier. No había formas claras ni definidas. Todo era informe. En tales condiciones la vida era imposible. Dios intervino y del caos produce el cosmos; de la confusión, el orden; de la nada todo lo bello y maravilloso que nuestros ojos contemplan.

I. EL ESTADO DE NUESTRA VIDA CRISTIANA

A. Estado espiritual.
   1. Vivimos en sociedades religiosas.
   2. Pueblos muy devotos (Isa. 1:10-14).
   3. Hombres y mujeres "carismáticos".
   4. Pero Dios no se siente en esos pueblos devotos.
B. Estado moral.
   1. Decadente, corrupto.
   2. El mundo cada día penetra más a la iglesia. Lo inverso cada día se da menos.
   3. Probablemente debemos hoy hablar otra vez de "sepulcros blanqueados" dentro del seno de la iglesia.
C. Estado caótico general.
   La tierra desordenada, vacía, al borde del abismo:
   1. Sociedades sumidas en el pecado.
   2. Hogares destruidos por el pecado.
   3. Hombres gobernados por el pecado.
   4. ¿Y la iglesia?... Bien, gracias.

II. EL ANHELO DIVINO

A. Ser bendición a los suyos. (Gén. 12:1; 1 Ped. 2:9, 10).
B. Hacerse patente por y en medio de su pueblo.
C. Extender su bendición a otros a través del ministerio de los suyos.

III. NUESTRA TAREA (1 Cor. 3:9)

A. Reconocer nuestra responsabilidad.
1. Dios le dio la orden a Adán (Gén. 1:28).
2. Hoy nos da la orden a nosotros (2 Cor. 5:18).
B. Libertar a Dios en nosotros.
1. El Dios de muchos cristianos es impotente, no se siente, no actúa: "No hable tanto de Dios, muestre a Dios."
2. La sociedad, la iglesia, la familia, hablan de Dios. Dicen tener a Dios pero no disfrutan a Dios.
3. ¿Qué está pasando? ¿Dónde está tu Dios?

Escucha esta triste historia:

En un pequeño pueblecito de Heredia, Costa Rica, dos jóvenes enamorados decidieron unir sus vidas en matrimonio. El día de la boda ella lucía bella, llena de dulzura y encanto. El novio lucía pantalón azul, camisa blanca engomada y una faja roja que su novia le había tejido.

Cuando terminó la fiesta, los recién casados se dirigieron a la casita que les habían prestado en el centro de la finca. Era una casa vieja. Amueblada a la antigua, recién pintada de blanco. Al llegar, la novia —llena de inocencia y pureza— propuso a su esposo jugar a las escondidillas. El, complaciente, aceptó. Se escondieron, corrieron, se besaron y se volvían a esconder entre las matas del platanar. De pronto la novia no encontró a su querido esposo. Lo llamó, lo buscó... inútil. Pasaron las horas, los días, meses y años, en el más grande misterio. El novio se esfumó.

Veinte años después, la casa fue cedida a otra familia. Los deteriorados muebles fueron sacados para su destrucción. Una caja de caudales, vieja, corroída, fue abierta y el misterio se develó. Dentro, acurrucado, estaba el novio. Se había ocultado allí y la puerta se había cerrado. Sus gritos no salieron al exterior. Sólo había un puñado de huesos con el pantalón azul, camisa blanca engomada y la faja roja que la novia llena de amor había tejido.

Aquella esposa nunca disfrutó de su esposo aunque siempre lo tuvo en su casa.

¿Dónde está tu Dios?, ¿acaso en tu corazón?, pero, ¿en qué condiciones?

C. Paradojas de nuestro cristianismo.
1. Somos pobres con un Padre rico.
2. Somos pequeños con un Dios grande.
3. Inertes y débiles con un Dios todopoderoso.

Conclusión

— Se inicia un año.
— La sociedad está al borde del abismo.
— Tu hogar puede estar al borde del abismo.
— Tu vida camina al precipicio.
— ¿Por qué no dejas salir a Dios del encierro?
— El convertirá el caos en cosmos, la confusión en orden, la tristeza en alegría y lo podrás disfrutar los 365 próximos días.

Jorge Luis Cordero Rojas

SIETE PASOS PARA LA VICTORIA
2 Crónicas 20

Introducción

Al iniciar este nuevo año lo hacemos en medio de situaciones sociales y financieras conflictivas. Cierta clase de temor al futuro intenta adueñarse de la ciudadela de nuestras almas.

¿Qué nos depara este nuevo año?... ¿qué pasará con nuestras familias? ¿Hacia dónde caminamos como iglesia?... Hoy, en la experiencia de Josafat, vamos a encontrar desafíos de confianza en Dios para un futuro que no vislumbramos con claridad. Tome nota de estos siete pasos para la victoria y póngalos en funcionamiento cada día de este nuevo año.

El contexto histórico indica que se unieron contra este rey de Judá tres pueblos que deseaban destruirlo (2 Crón. 20:2, 3). La primera reacción de Josafat fue la del temor. El temor logra diferentes reacciones en las personas. A veces paraliza el raciocinio. Otras veces empuja a tomar decisiones desesperadas que resultan en fracasos. ¿Qué hizo el personaje de nuestra historia? Proclamó ayuno y oración: volvió su rostro a Dios.

I. PRIMER PASO PARA LA VICTORIA

Reconocer quién es Dios (20:5 y 6).

Vea usted el contenido de la oración de Josafat. Si entendemos bien la oración, ella es básicamente una charla, una conversación con Dios.

A. Dios tiene dominio sobre todas las cosas.
B. El tiene autoridad sobre reinos y naciones.
C. No tiene oponentes que puedan resistirle.

Josafat a modo de preguntas hace afirmaciones de la naturaleza y carácter de Dios.

II. SEGUNDO PASO PARA LA VICTORIA

Dios tuvo y tiene el control (20:7).

No comienza Josafat con quejas y angustias. Su oración denota la gran admiración de este rey por el Rey de reyes.
A. Josafat hace una declaración de fe basada en la historia.
"...tú echaste a los moradores de esta tierra..."
B. Josafat hace una afirmación en la que reconoce la generosa mano de Dios.
"...diste esta tierra a la descendencia de Abraham..."
Dios no ha cambiado su forma de actuar para con su pueblo, la iglesia. El sabe de nuestras limitaciones y necesidades. Ante el futuro, no nos quejemos ni angustiemos; reconozcamos que Dios tuvo y tiene el control de todo, y cuida de cada uno.

III. TERCER PASO PARA LA VICTORIA

Haga memoria de lo que Dios ha hecho en el pasado (20:9).

El miedo actúa muchas veces negativamente en las personas. Anula la capacidad de recordar el pasado donde hay muchas evidencias del cuidado y protección de Dios. Josafat hace una declaración que está entre paréntesis en su oración:
"Porque tu nombre está en esta casa."
A. Dios hizo un compromiso de cuidar de los suyos en el pasado. Desde Abraham en adelante hay registros del cumplimiento de su promesa.
B. Las evidencias están registradas "en esta casa".
La casa de nuestra vida registra esos cuidados de Dios. ¿Sabe una cosa, hermana y hermano? Dios no ha mudado de parecer. Su nombre de Dios Protector, Dios Guardador, Dios de Consolación, está grabado en la historia de nuestras vidas... ¿recuerda aquella vez cuando Dios le libró, le salvó, le sanó, le prosperó?

IV. CUARTO PASO PARA LA VICTORIA:

Reconocer nuestras limitaciones (20:10-12).

Josafat evidencia su impotencia a través de una sencilla afirmación: "No sabemos qué hacer" (v. 12).
Como no sabemos qué hacer, hacemos lo siguiente:

A. Pedimos juicios de Dios sobre la situación planteada (v. 12a).
B. Nos volvemos a Dios (v. 12b).
   ¿Acaso, hermanos, hay algo mejor que hacer que esto hoy día?

V. QUINTO PASO PARA LA VICTORIA

Descansar en que Dios hará (20:17).

Ante los problemas reaccionamos generalmente tratando de hacer por nuestra cuenta y cuando agotamos todos los recursos nos acordamos de Dios. Debemos cambiar la estrategia:
A. No necesitamos pelear nosotros, en algunos casos (v. 17a).
B. Sí necesitamos estar quietos y parados (v. 17b).
C. No debemos desanimarnos (v. 17c).
   ¿Hay enemigos grandes para este nuevo año?... Dios dice: "Vean lo que haré mañana con sus enemigos."

VI. SEXTO PASO PARA LA VICTORIA

Dejar que Dios pelee por nosotros.

Vea usted el contenido del versículo 18.
A. La batalla es del Señor, la adoración nuestra.
B. La batalla es del Señor, de nosotros el humilllarnos ante él.

VII. SEPTIMO PASO PARA LA VICTORIA

Actuemos con fe y alabanza. (20:20-22).

Allí se veía el enemigo. Vea usted la confianza de esta gente que enfrentaba toda una posibilidad de destrucción.
A. Fueron desafiados a creerle a Dios y experimentar la seguridad en él.
B. Fueron llamados a adorar mientras avanzaban.
C. Fueron llamados a declarar la misericordia de Dios.

Conclusión

Las diferencias son de época y circunstancias, pero los enemigos que enfrentamos son reales hoy también. Los siete pasos de Josafat con el pueblo de Judá, siguen teniendo vigencia.

¿Cómo enfrentaremos los problemas de este nuevo año?... ellos están avanzando hacia nosotros.

Repasemos rápidamente los siete pasos ...practique estos pasos y Dios le dará la victoria.

Lemuel J. Larrosa

UN AMANECER SANADOR
Malaquías 4:1-3

Introducción

1. Israel está desilusionado con la providencia de Dios y le reta con sus preguntas e inquietudes:
   a. Duda: "¿En qué nos amaste?" (Mal. 1:2).
   b. Menosprecio: "¿En qué hemos menospreciado tu nombre?" (1:6).
   c. Deshonra: "¿En qué te hemos deshonrado?" (1:7).
   d. Fastidio: "¡Qué fastidio es esto!" (1:13).
   e. Cansancio: "¿En qué le hemos cansado?" (2:17).
   f. Conversión: "¿En qué hemos de volvernos? (3:7).
   g. Robo: "¿En qué te hemos robado? (3:8).
   h. Murmuración: "¿Qué hemos hablado contra ti?" (3:13).
   i. Violencia: "¿Qué aprovecha que guardemos su ley?" (3:14).
2. Parece que dicen: "Un momento, Dios, no estamos tan mal como crees."
3. Cuando nuestra perspectiva acerca de Dios se debilita, el materialismo y la superficialidad toman la delantera.
4. No había luz de Dios durante el tiempo de Malaquías.
5. "Los hombres amaron más las tinieblas que la luz, porque sus obras eran malas" (Juan 3:19).
6. Prevalecía el error, la malicia, la depresión y el malestar espiritual.
7. Dios está para hablar, Malaquías ve el vislumbrar de un nuevo día, del Sol de la justicia.
8. Después de la obscuridad espantosa e infructuosa, ve ahora un amanecer sanador con su luz resplandeciente y vivificante.
9. Ve un mundo de resplandor radiante, de rectitud con remedios y recursos relevantes.

I. UN MUNDO DE RESPLANDOR RADIANTE

"Nacerá el Sol" (Mal. 4:2).

A. La luz revela. Los objetos se aprecian con la luz.
B. La luz vivifica. Fotosíntesis.
C. La luz embellece. Los colores están en la luz.
D. La luz destruye. Las impurezas mueren en la luz.

II. UN MUNDO DE RECTITUD RESONANTE

"Nacerá el Sol de justicia" (Mal. 4:2a).
A. La Rectitud Divina viene en proporción:
  1. A sí misma. "La ley de Jehová es perfecta"
  2. Al universo. Establece el orden del sistema.
  3. A Dios mismo. Dios odia el pecado pero ama al pecador.
B. El es el adhesivo del mundo.

III. UN MUNDO CON UN REMEDIO RENOVANTE

"En sus alas traerá sanidad" (Mal. 4:2b).
A. Su venida es una influencia remedial.
B. "Al levantarse el sol, las enfermedades menguan" (Proverbio hebreo).
C. La salida del sol quema las raíces de la insolencia e injusticia de la humanidad.
D. La flor se marchita de noche pero florece al amanecer.
E. Los rayos del sol hacen que las flores sonrían y alegren los corazones de los hombres. Secan el sereno nocturno.

IV. UN MUNDO CON RECURSOS RELEVANTES

"Saldréis y saltaréis como terneros de engorde. Pisotearéis a los impíos" (Mal. 4:2b, 3).
A. El Sol produce energía nueva.
B. El Sol da vigor a todo lo que es bueno.
C. El amanecer sanador provee:
  1. La luz de la verdad (Isa. 9:2).
  2. Calor al alma en una noche fría.
  3. Salud al enfermo que por poco no pasa la noche.
D. La sanidad viene al amanecer.
  "En ellos puso tabernáculo para el sol; y éste, como novio que sale de su dosel, se alegra como un valiente que emprende la carrera" (Sal. 19:4b, 5).

Conclusión

1. En el primer amanecer hubo... sanidad y salvación.
2. En el segundo amanecer.... salvación completa.
3. La luz del Sol de justicia en el cielo (Apoc. 21:23-27).
4. "Para juicio yo he venido a este mundo; para que vean los que no ven, y los que ven sean cegados " (Juan 9:39).
5. "Y a vosotros que sois atribulados, daros reposo con nosotros,

cuando se manifieste el Señor Jesús desde el cielo con los ángeles de su poder" (2 Tes. 1:7).

6. "Si tomare las alas del alba y habitare en extremo del mar, aun allí me guiará tu mano y me asirá tu diestra" (Sal. 139:9, 10).

7. El andar a tientas de los muchos fuera de Cristo se contrastará con el andar seguro de los pocos en Cristo.

8. Cristo es el Sol de justicia. El trae la salvación en sus alas y en él podemos entrar y salir, saltar y descansar con la libertad con que nos hizo libres. El es el nuestro nuevo amanecer.

Rudy A. Hernández

CONTEMOS NUESTROS DIAS
Salmo 90:12

Introducción

Algo de lo que aprendemos en la infancia es leer, escribir y contar. Muy pronto nos damos cuenta de que debemos contar bien, para evitar el peligro de cometer costosas equivocaciones.

Pero la vida también cuenta, pues la forma en que vivimos traerá sus resultados tarde o temprano; por esa razón, la oración del salmista contenida en este versículo es práctica y oportuna.

Al iniciar un nuevo año es bueno pedirle al Señor con todo el corazón: "Enséñanos a contar nuestros días, de tal manera que traigamos al corazón sabiduría."

I. POR QUE HEMOS DE CONTAR NUESTROS DIAS

A. Porque son nuestra más valiosa posesión: Son la vida misma.
B. Porque son pocos. (Sal. 90:9, 10).
C. Porque no podemos recuperar lo que hemos desperdiciado.
D. Porque la forma como los usemos será lo que recibamos.
E. Porque un día tendremos que dar cuenta a Dios de ellos.

II. COMO SUELE EL MUNDO CONTAR SUS DIAS

A. Numéricamente: Un viejo ya no tiene la misma aceptación que un joven.
B. Económicamente: "Tanto tienes, tanto vales."
C. Intelectualmente: Todo depende de si eres sabio o ignorante.
D. Mundanalmente:
   1. El lema general parece ser: "Goza de la vida, gózala ahora."

2. Un hombre decía: "Yo ya no tengo nada que desear, lo he probado todo."... Pero en su mirada había una profunda tristeza.

E. Vanidosamente: Por los honores recibidos o sus glorias pasadas: Gente que vive de sus recuerdos.

III. COMO QUIERE DIOS QUE CONTEMOS NUESTROS DIAS

A. Por medio de sus bendiciones:
  1. La vida que nos ha concedido.
  2. La salvación que en Cristo nos ha otorgado.
  3. La salud física que nos conserva.
  4. La familia que nos ha dado.
  5. El diario sustento que en él tenemos, etc.
B. Por medio de una vida de servicio amoroso:
  1. A nuestro Dios y Señor.
  2. A nuestros hermanos en la fe.
  3. A todas las gentes:
C. Por medio de nuestro crecimiento espiritual: 2 Pedro 3:18.

IV. QUE BENEFICIOS TIENE QUIEN SABE CONTAR BIEN SUS DIAS

A. Encuentra la vida eterna (1 Jn. 5:11-13).
B. Inicia una nueva vida (2 Cor. 5:17).
C. Aprende a amar a Dios verdaderamente (Mar. 12:30).
D. Aprende a usar bien cada instante de su vida (Ef. 5:16).
E. Aprende a gozar correctamente de todo lo que Dios nos da (Fil. 4:4).

Conclusión

¿Cuántos días han pasado ya por nuestra vida? Según nuestra apreciación material, un anciano ha visto pasar muchos y un joven pocos, pero ante el Autor de la vida esta forma de contar no tiene mucho valor (Isa. 55:8, 9).

¿Cuántos días nos quedan en este mundo?... No podemos saberlo. (Y quizá sea mejor que no lo sepamos.) Lo que sí sabemos es que la vida es muy frágil (Stg. 4:13-15), y debemos vivirla con sabiduría.

Que este nuevo año que Dios nos concede, estemos dispuestos a vivirlo en consagración, fe, amor, gozo, servicio y humildad. Y que Dios nos enseñe a contar nuestros días con verdadera sabiduría.

Fernando de la Mora Rivas

Día de la Amistad o del Amor

EL ARTE DEL AMOR
1 Corintios 13:1-8, 13

Introducción

Una gran tragedia de nuestra sociedad es creer que sabemos mucho y nos olvidamos de aprender lo *esencial* y esto hacerlo en el *texto esencial*: Esto es, a *amar* según Dios nos lo revela en su Palabra.
¿Qué es el amor?

1. ¿Una sensación placentera cuya experiencia es una cuestión de suerte, algo con lo que uno "tropieza" si tiene suerte en la vida?
2. ¿Un arte? En todo caso, requiere conocimiento, esfuerzo y estar cerca de una fuente que inspire y refuerce el amar.

Amar es una disposición de la voluntad.

Todos estamos sedientos de amor, pero pocos piensan que hay que aprender a amar, pues no se nace con esa "disposición de la voluntad".

Cuando se habla de amar, la mayoría de las personas pensamos:

1. Ser amados... más que amar.
2. Es fácil amar si se encuentra la persona o el objeto "amable".
3. Confusión entre "enamorarse" y "permanecer en el amor".

Y es que normalmente pensamos con egoísmo. (a) Amor estilo mentalidad "marketing", amamos lo que nos gusta, nos atrae, nos han introducido meramente por los procesos de imagen. (b) Confusión ante el hecho de "amar constantemente" como disposición estable o la "mera pasión de gustarse temporalmente".

Aunque la gran mayoría de las parejas se formaron con ilusiones de amar, pocas empresas que empezaron tan alegres, expectantes, prometedoras, han fracasado tanto, ¿por qué?

1. Por ignorancia acerca del tema.
2. Por no considerar seriamente los factores de riesgo.
3. Por intereses personales: Escapar de la soledad, tener una familia, huir de la casa.

O aprendemos las causas de los fracasos y corregimos, o renunciamos a tal actividad, y como esto es imposible e impensable, pues *hemos sido creados para dar amor y recibirlo,* no nos queda otro remedio que estudiar el tema y corregir, y ello ante el contexto que mejor conoce al hombre, su naturaleza y sus necesidades.

Un amor como el de 1 Corintios 13 es un sentimiento volitivo profundo. No es natural en el hombre, viene de Dios, pero no debemos quedarnos expectantes, sino aprender y con ello prepararnos para recibir el don de amar, y esto pasa por *concienciarnos* de que el amor es como un arte que hay que aprender.

I. COMO APRENDER EL ARTE DE AMAR

1. Conocer y dominar la teoría.
   Estudiar el significado de 1 Corintios 13.
2. Practicar la teoría, según la enseñanza bíblica.
   Empezar tratando a las personas como si las amáramos, al menos empezar así.
3. Considerarlo importante: No se llega a dominar ningún arte si no se considera *fundamental*.
4. *Lo más importante*, demandar el arte de amar en oración: "el que pide recibe".
   Cuando teoría, práctica y demanda a Dios se funden, el amar viene.

Repasar los conceptos griegos del amar, como una disposición de la voluntad: *Filos*: amor fraternal; *Eros*: amor sensual; *Estorge*: afecto; y *Agape* (el amor de Dios): *Amar* es darse...

II. AMANDO DE FORMA PRACTICA

Amar según 1 Corintios 13, significa también:

1. Cuidar: Es difícil imaginar que se ama a una criatura y no se le cuida.
2. Conocer: Para amar se necesita conocer ya que ello enriquece también los modos en que demostraremos el amor.
3. Responsabilidad: Estar para responder cuando se nos necesita.
4. Respetar: Del latín *respicere*. Es decir mirar la persona como es y amarla así, no querer que sea una copia nuestra, lo que sería prolongar el auto amor.
5. Darse: El ejemplo de amor lo tenemos en Cristo, que amó tanto *que se entregó a sí mismo por nosotros*.

III. CONSIGUIENDO CRECER EN AMOR

1. Disciplina. Nunca haremos nada si no lo hacemos de una forma disciplinada.
2. Concentración. Es condición indispensable en el dominio de cualquier arte: oración y estudio de la palabra.

3. Perseverancia: Necesaria para lograr cualquier cosa.
4. Preocupación: Es decir interés (como el ama de casa que desea que sus plantas estén frescas y lozanas, así hay que cuidar, regar y mimar el amor, con interés).

Conclusión

Para amar hay que abandonar el narcisismo, es decir ser humildes. Y el primer paso es ponerse a los pies de Dios y reconocer que no sabemos amar, que no amamos lo suficiente, que estamos necesitados de amor y saber amar.

Para amar hay que ejercer fe. Confiar que sometiendo a él nuestras vidas el amor nacerá: "Porque Dios es amor."

Roberto Velert Chisbert

LA MUJER DE TU JUVENTUD
Malaquías 2:15

Introducción

El llamado del profeta es claro: fidelidad.

Es una de las cosas de las que más se carece hoy en día:

— No somos fieles a la iglesia, el trabajo, el matrimonio, etc.

¿Qué hace que sea difícil cumplir el anhelo del profeta?

Trataremos de contestar basados en la historia de Sansón (Jue. 14).

Su caída se debió a errores que nosotros también cometemos.

I. PRIMER ERROR DE SANSON: ABRIO SU CORAZON A QUIEN NO DEBIA (vv. 1, 2)

A. La ley lo prohibía.

La triste historia de este hombre está íntimamente ligada a esa decisión. Confió secretos al enemigo. Abrió su pecho a quien le tenía preparada una espada.

B. La amiga (el amigo) necesaria.

Se ha hecho costumbre tener a otra persona como nuestra confidente. A ella confiamos nuestros secretos. Delante de ella derramamos nuestras angustias. Ella conoce a plenitud los pormenores de nuestros sentimientos.

Decimos: "No hay maldad. Es sólo una amistad." Pero, mientras tanto, Satanás nos tiende la cama... en la cual tarde o temprano caeremos.

C. La mujer de nuestra juventud.
"Buenos días", "hasta luego", "hola y buenas noches", eso es todo. No hay diálogo. Siempre llegamos cansados o hay películas interesantes que ver en la T.V.
Es la planta que no se riega, ni abona. Es la planta que día a día se marchita en su soledad.

II. SEGUNDO ERROR DE SANSON: NO ESCUCHO EL CONSEJO PATERNAL (v. 3)

A. La voz del verdadero amor.
Sus padres le dijeron "No lo hagas", "es extranjera", "te causará problemas". Pero Sansón no oyó. Endureció su corazón. No quiso aprender "en cabeza ajena", sino en la propia. Triste error, triste final.

B. La voz del amor de Dios.
"Se fiel a la mujer de tu juventud." "No os unáis en yugo desigual." Problemas vendrán: Tu dinero se esfumará, la paz de tu hogar se diluirá, tus hijos lo llorarán.
Pero, tercos, nos apoyamos en nuestra propia prudencia (Prov. 3:5). El final de la historia será como la de Sansón.

III. TERCER ERROR DE SANSON: SE SALIO DEL CAMINO (v. 8)

A. Un repaso a la historia.
Un león vino sobre Sansón, él lo despedazó como si fuera un cabrito. Sabía que lo había matado.
Otro día quiso ver de nuevo al león. Era un cuerpo muerto —inmundo— no había razón para acercarse. "La curiosidad mató al gato", dice un refrán. Allí encontró dentro un enjambre de abejas. Tomó el panal de miel y se fue por el camino comiendo y dio a sus padres. Era comida inmunda.

B. El error de volver al pecado pasado.
1. El león es símbolo de Satanás (1 Ped. 5:8). ¡Ha sido destruido!
2. Acciones pecaminosas de ayer.
Pecados sexuales, infidelidad, pleitos, ya han sido derrotados y superados, en el seno del matrimonio.
3. Volver a ver al león.
Pero el error de la mujer de Lot y el de Sansón se repiten en muchos de nosotros.
Ejemplo Núm. 1: Un matrimonio que había resuelto sus problemas y diferencias, vivía ahora en paz y armonía. Un día

se acerca la esposa: "Amor, yo ya te perdoné; pero dime, ¿quién era la muchacha?"
Ejemplo Núm. 2: La aventura con la amiguita había terminado. Había regresado a su esposa y a Dios. Su hogar era armonía y bendición. Un día revisando su agenda del año anterior, se encontró con su número de teléfono: "Voy a llamarla tan sólo para saber cómo está."
C. El éxito no es haber empezado a caminar, sino luchar por no salirse del camino.

Conclusión

Alguien ha dicho que los dos días más bellos del matrimonio son el primero y el último. Cuán cierto y lamentable es para un número cada día mayor en nuestras sociedades actuales. El índice de divorcio crece de manera alarmante y los cristianos no estamos vacunados contra esa posibilidad.

En un día tan especial como éste, ¿por qué no pensamos en el llamado de Malaquías y en los errores de Sansón?

Jorge Luis Cordero Rojas

EL DIA DEL AMOR
1 Juan 4:7, 8

Introducción

Es hermoso recordar a nuestros amados y amigos en este día de la Amistad y del Amor. ¿Les ha expresado su amor de alguna manera? ¿les ha dado un abrazo? La amistad es una de las cualidades humanas más hermosas y nobles, que Dios nos indica que debemos vivirla y practicarla.

Hay que amar a los amigos. Aprender a vivir amando es tarea de todo Hijo de Dios, ¿tienes amigos?, ¿les amas?, ¿con qué amor?

En la Biblia se usan cuatro palabras para hablar de amor, que son:

—*Sterge*: amor en familia.
—*Filia*: amor entre amigos, que solo aparece una vez en el Nuevo Testamento.
—*Eros:* amor que se merece o desea poseer, no aparece en el Nuevo Testamento.
—*Agape:* amor sin merecerlo, sin atractivo.

En este pasaje Dios habla de amarnos como amigos, con este amor que él nos ha mostrado y dado. Conocemos el amor *agape* desde Cristo, cuya naturaleza no es como la nuestra, destructiva, sino que Dios es Amor (agape).
Leer los versículos 7, 8.

I. EL AMOR ENTRE AMIGOS NO ES MERECIDO

A. Dios no me ama porque soy atractivo o porque siempre lo merezco, sino porque es amor y su naturaleza es dar. Ej. Dios y Abraham.

B. Nosotros hemos de aprender a amar de esta manera, no porque nuestros amigos tienen cosas que no tenemos, o esperando que actúen de igual manera como yo lo hago si no no lo quiero más, u obligándoles a que sean perfectos, sin fallas. Esto es un error, Dios espera que le amemos porque lo elegimos como amigo, y le demos amor.

II. EL AMOR ENTRE AMIGOS NO ES POSESIVO

A. El amor de Dios no desea poseer para apoderarse y absorber al otro. El quiere poseernos para darnos su amor, para compartir su naturaleza y nos demanda que nosotros hagamos relaciones en este amor.

B. Nosotros hacemos al revés, queremos que nuestro amigo se dedique exclusivamente a nosotros, que nos dé todo su tiempo. Nos enojamos si no nos devuelve las atenciones o las visitas que le hacemos: Ej. David y Jonatán.

C. En el fondo queremos poseerlo, que nos sea exclusivo, cuando Dios nos llama a compartir en amor, sin la posesión egoísta, sin la envidia por lo que ha logrado o porque se relaciona con otras personas.

D. Dios espera que elijamos amigos para amar, pero no para creernos sus dueños.

III. EL AMOR ENTRE AMIGOS ES CREATIVO

A. Dios se da constantemente, ya que su naturaleza es amar, vive relacionándose de esta manera, es un amor creativo que nos toma como somos. Cristo no ve a la gente como pecadores sucios, sino como objetos del amor de Dios, para ser recreados a la imagen de Dios, nos toma de lo que somos y nos completa. Ej. Sulamita y Salomón.

B. Así hemos de tratar a nuestros amigos, aceptándolos como son, pero ayudándoles a crecer y mejorar cada día. El buen amigo no habla a la espalda de él, ni le critica, sino que le dice sus fallas y le orienta para resolverlo, lo acompaña y ayuda en tiempo de necesidad.

Conclusión

Tener amigos es hermoso, poder amarlos es una oportunidad que Dios nos da en la vida. Una vida sin amigos es como un mundo sin flores, carece de belleza, color, intimidad, fragancia, espinas.

Me produce una gran tristeza leer carteles como: "Cuanto más conozco a los hombres más quiero a mi perro."

Creo que el creyente debe transformarlo por "cuantos más amigos amo, más conozco a Dios".

Alberto Daniel Gandini

LA ENTRADA TRIUNFAL
Mateo 21:1-11

Introducción

1. Jesús es el Maestro por excelencia. Siempre enseñó, tanto con sus palabras como con sus acciones.
2. En la Semana Santa, la última de su ministerio terrenal, realiza su obra suprema.
3. Consideremos algunas lecciones que aprendemos.

I. JESUS NO IMPROVISO

A. Preparó todo con anticipación.
   Hizo los arreglos previos con los dueños del pollino. La contraseña era:
   "El Señor los necesita."
B. Al llegar se tomó el tiempo necesario.
   No obró precipitadamente (Mar. 11:11). Observó todo y esperó hasta el día siguiente.
C. La improvisación no era su norma.
   Sólo se justifica por vía de excepción. Las cosas del Señor merecen tomarse con seriedad y responsabilidad.

II. JESUS CONSAGRO A SU PADRE LO MEJOR

A. Era consciente de lo sagrado de su misión.
   1. El pollino era de primera mano, nadie antes había montado en él.
   2. Ejemplos del A. T.: Números 19:2; 1 Samuel 6:7, 8.
B. Dios merece lo mejor, la excelencia.

III. JESUS TIENE AUTORIDAD

"El Señor los necesita."
A. Tiene derecho sobre todo y sobre todos.
   "Todo fue creado por medio de él y para él" (Col. 1:16).
B. Exige suprema lealtad (Mat. 10:37).
   Aunque respeta la libertad individual de sus criaturas racionales, él es el Señor.

IV. JESUS TIENE UN PLAN

A. Cumplir la profecía de Zacarías 9.
B. Hacer una última apelación dramática a su pueblo.
   1. Para que creyeran que era el Mesías prometido.
   2. Para que lo aceptaran como rey de paz.
   3. Para que aprovecharan su oportunidad.
C. Salvar a la humanidad.
   1. Quiso salvar a Israel (Juan 1:11, 12).
   2. Quiso salvar al mundo entero (Mat. 28:18-20).

V. JESUS CUENTA CON LOS SUYOS

A. Sus discípulos.
   1. Envió dos de ellos.
   2. Les aseguró el éxito en su gestión.
   3. *Ilust.* En una fábrica de paracaídas, en la sección "empaque", un cartel decía: "El paracaídas es la última oportunidad del piloto; empáquelo de tal manera, que tenga una buena oportunidad." Si sus discípulos le fallaban o fracasaban, él no tenía otro plan.
B. Sus amigos.
   1. Le facilitaron el pollino.
   2. Le prestaron el aposento para la cena.
C. Nosotros, sus discípulos y amigos de hoy.
   1. El nos necesita a nosotros y necesita nuestros bienes para cumplir su plan. Colaboremos con él.
   2. *Ilust:* Una señora turista de Estados Unidos de A. que visitaba Canadá, estaba frente al Palacio de Gobierno en Toronto, admirando su arquitectura. Un hombre, con ropa de obrero, se acercó y le dijo:
      —Hicimos buena obra, ¿verdad, señora?
      Ella le respondió: —¿Usted tuvo algo que ver?
      —Sí —contestó él— cargué la mezcla para colocar esas hermosas cornisas.

Conclusión

Al pensar en este episodio, aprendamos:
   1. A tomar en serio y con responsabilidad las cosas santas.
   2. A obrar con consagración y excelencia.
   3. A reconocer su señorío y asumir nuestra mayordomía.
Y recordemos:
   1. Que él confía en nuestra buena disposición y fidelidad.

2. Que todo lo que tenemos es suyo.

Y decidamos:

Colaborar con él en esta semana santa... y siempre.

Víctor J. Cabrera

ESTA SEMANA SANTA
Lucas 18:31-34

Propósito específico

Convencer a los oyentes del carácter sagrado de la última semana del ministerio terrenal del Señor Jesús; para dedicarle en reconocimiento y gratitud, el esfuerzo de buscar un alma para su reino.

Introducción

1. Una vez más Dios nos concede vivir una semana que se conoce como la Semana Santa, Semana Mayor o Semana de la Pasión.
2. Cada año vemos con tristeza las distintas maneras en que los hombres aprovechan el tiempo de esta semana.
3. Bueno será que los hijos de Dios, dediquen en estos días, tiempo para la reflexión piadosa y para compartir con otros los acontecimientos que tuvieron lugar en la última semana del ministerio terrenal de Cristo, procurando ganarlos para su reino.

Permítanme guiarles en un recorrido relámpago, acompañando al Señor Jesús en estos días que fueron tan importantes en la obra que él vino a cumplir en la tierra.

I. DOMINGO: Procedente de Betania, donde se hospedaba en este día, el Señor hace su entrada triunfal a Jerusalén.

A. Es aclamado como el Rey prometido.
B. Llora sobre Jerusalén.
C. Regresa a Betania a pasar la noche.

II. LUNES: Vuelve una vez más a Jerusalén.

A. En el camino busca fruto de una higuera, al no encontrarlo la seca.
B. Tiene lugar la purificación del templo.

III. MARTES: Pasa su último día en el templo.

  A. Enseña al pueblo.
  B. Discute con los fariseos y saduceos y responde a sus preguntas capciosas.
  C. Judas conviene con los sacerdotes su traición.

IV. MIERCOLES: Un día de descanso en Betania.

V. JUEVES: Celebración de la Pascua con sus apóstoles.

  A. Instruye la ordenanza de la cena del Señor.
  B. Oración y agonía en Getsemaní.

VI. VIERNES: En manos enemigas.

  A. Sus juicios.
  B. Su crucifixión.

VII. DOMINGO: Resucita el Señor de entre los muertos.

Conclusión

  A. Esta es la semana más importante en el ministerio terrenal del Señor Jesucristo.
  B. Cada año debemos acompañar al Señor Jesús, cada día de este recorrido.
    1. Apreciar en todo su valor su amor hacia nosotros los pecadores.
    2. Seguir paso a paso sus sufrimientos y tortura padecidos en nuestro lugar.
    3. Seguirle al pie de la cruz y contemplar la gloria de su muerte.
    4. Amarle por su doloroso sacrificio.
    5. Regocijarnos con la gloria de su resurrección.
    6. Compartir con otras personas esta tremenda historia de amor.
  C. Esta semana busquemos y esforcémonos por ganar un alma para el reino de nuestro Señor Jesucristo.

Arturo Alarcón González

UNA SEMANA SIN IGUAL
Lucas 18:31-34

Propósito específico

Que los que escuchen este mensaje se apropien de los beneficios de la obra redentora de Cristo en esta semana santa y le acepten como Salvador personal.

Introducción

1. ¿Por qué esta semana llamada santa es tan especial para el mundo?
2. ¿Qué beneficios ha recibido el hombre de los acontecimientos que tuvieron lugar en esta semana sin igual?
3. El texto bíblico que tenemos al frente nos ofrece, para considerar, tres eventos importantes que hacen de esta fecha, una semana única y de gran importancia para todo mortal. Veamos estos eventos según los presenta nuestro pasaje.

I. RESULTA SIN IGUAL PORQUE EN ELLA SE CUMPLE UN PLAN CUIDADOSAMENTE PREPARADO POR DIOS A FAVOR DE TODOS LOS HOMBRES

A. Los sucesos que en ella acontecieron fueron anunciados por Dios cientos de años antes, por medio de sus profetas. (Isa. 53:6-9).
B. Jesús mismo fue al encuentro de ellos, conociendo al detalle todo lo que le acontecería en Jerusalén.

II. ES UNICA EN LA HISTORIA DE LA HUMANIDAD, PORQUE EN ELLA JESUCRISTO CUMPLIRIA CON EL PLAN DE DIOS PARA LA REDENCION DEL HOMBRE PECADOR

A. En ella Jesús fue entregado en manos de pecadores.
B. En ella Jesús fue escarnecido y humillado.
C. En ella Jesús fue azotado y herido cruelmente.
D. En ella Jesús murió en la cruz del Calvario.

III. ES UNICA Y SIN IGUAL PORQUE EN ELLA CRISTO JESUS RESUCITO DE ENTRE LOS MUERTOS

A. Después de expiar en la cruz, Jesús fue sepultado.
B. Al tercer día Jesús dejó la tumba vacía.

C. Este evento único en la historia nos dice con certeza que ahora Cristo vive y vive para siempre.

Conclusión

I. ESTA SEMANA RESULTO UNICA EN LA HISTORIA Y PUEDE SER UNA SEMANA SIN IGUAL PARA USTED.

A. Porque todo lo que pasó en ella fue el resultado del Plan de Dios a su favor:
   1. Para el perdón de sus pecados.
   2. Para darle vida eterna.
   3. Para librarle del infierno.
B. El resucitó en esta semana sin igual y ahora quiere vivir en su corazón.
   1. Escuche usted la voz de Dios (Rom. 5:8).
   2. Crea en él con todo su corazón (Juan 3:16).
   3. Recíbale por fe en su corazón (Juan 1:12), en esta misma semana sin igual para usted.

Arturo Alarcón González

LA SEMANA GLORIOSA
Lucas 24:5b-9

Introducción

1. Hubo 41 eventos mayores durante la última semana de la vida del Señor Jesucristo (1 el domingo, 2 el lunes, 13 el martes, 7 el jueves, 16 el viernes, 2 el sábado).
2. Esta semana fue:
   a. La culminación de un programa.
   b. El cumplimiento de una profecía.
   c. La cancelación de una cuenta.
3. Si el lugar llamado la Calavera pudiera hablar, hablaría de:
   a. Crucifixión
   b. Agonía
   c. Libertad
   d. Victoria
   e. Amor
   f. Responsabilidad
   g. Inocencia
   h. Oportunidad
   (En acróstico: CALVARIO)

I. LA INICIACION VENTUROSA

A. La pregunta que cambia el alma:
"¿Quién es éste?" (Mat. 21:10).

B. La pregunta que entristece el alma:
"¿Así que no habéis podido velar conmigo una hora?" (Mat. 26:40).

C. La pregunta que rige el alma:
"¿Cuál es el primer mandamiento de todos?" (Mar. 12:28).

D. La pregunta que prueba el alma:
"¿Cómo escaparéis de la condenación del infierno?" (Mat. 23:33).

E. La pregunta que reta el alma:
"¿Cuándo será el fin del mundo?" (Mat. 24:3b).

II. LA CRUCIFIXION VERGONZOSA

A. La pregunta que ofende el alma:
"¿Quién es el que te golpeó?" (Mat. 26:68).

B. La pregunta que clasifica el alma:
"¿Eres tú el Rey de los judíos?" (Mar. 15:2).

C. La pregunta que interroga el alma
"¿A quién queréis que os suelte: a Barrabás, o a Jesús, llamado el Cristo?" Mat. (27:17).

D. La pregunta que juzga el alma:
"¿Qué, pues, haré de Jesús llamado el Cristo?" (Mat. 27:22).

E. La pregunta que lastima el alma:
"Dios mío, Dios mío, ¿por qué me has desamparado?" (Mat. 27:46).

III. LA RESURRECCION VICTORIOSA

A. La pregunta que escudriña el alma:
"¿Por qué buscáis entre los muertos al que vive?" (Luc. 24:5).

B. La pregunta que penetra el alma:
"¿No era necesario que el Cristo padeciera estas cosas, y que entrara en su gloria?" (Luc. 24:26).

C. La pregunta que examina el alma:
"¿Por qué estáis turbados y por qué vienen a vuestro corazón estos pensamientos?" (Luc. 24:38).

D. La pregunta que avergüenza el alma:
"¿Porque me has visto, Tomás, creíste?" (Juan 20:29).

E. La pregunta que toca el alma:
"Simón, ¿me amas más que éstos?" (Juan 21:15-17).

Conclusión

1. Sin la resurrección de Cristo la vida es desesperación.
   Sin la resurrección de Cristo la vida es sin valor.
   Sin la resurrección de Cristo la vida es infructuosa.

2. Cristo resucitó de los muertos...
   a. A la ciencia y la filosofía, pídales que expliquen este evento.
   b. A la historia, pídale que repita este evento.
   c. Al tiempo, pídale que borre este evento.
   d. A la fe, pídale que reciba este evento.

3. El turismo nos atrae a las tumbas de los dioses por lo que hay adentro. El cristianismo nos atrae a la tumba de Cristo por lo que no hay adentro.

4. Esta es la semana más difícil para el Señor Jesucristo, más importante para el género humano y más terrible para el enemigo de nuestras almas. Cristo sí fue muerto, sí fue sepultado, sí fue resucitado y ascendido al cielo y sí se sienta a la diestra del Padre para interceder por los santos y sí pronto viene otra vez, ¡Aleluya! ¡Amén! ¡Sí!

Rudy A. Hernández

Domingo de Resurrección

EL ARGUMENTO DE LAS MANOS
Lucas 24:39

Introducción

Cuando era un joven predicador cometí un error de principiante: prometí a mi auditorio que expondría todos los argumentos que prueban la resurrección, de manera que nadie allí saldría con una duda. Hablé de:

— la tumba vacía
— el cuerpo y los soldados
— el testimonio de los discípulos
— la realidad de la iglesia.

Argumentos todos apreciables, pero no suficientes para despertar la fe.

Con los años uno se vuelve más modesto y no pretende tanto. Hoy quisiera emplear sólo un argumento que empleó Jesús: "Mirad mis manos" (Luc. 24:39).

¿Qué podrían ver los 11 discípulos, reunidos en el Aposento Alto, en aquellas manos resucitadas? ¿De qué naturaleza serían aquellas manos?

Nos gustaría saber en qué consiste la resurrección, haber sido testigos del acto mismo y tener una explicación sobre el proceso de la resurrección de la carne, su transformación de carne corruptible en incorruptible. Y nuestro interés no es meramente especulativo, ya que la promesa es que nosotros también resucitaremos.

Pero la Biblia no nos brinda la explicación de tal proceso, sino meramente testimonios de un hecho. Los discípulos no parecen fáciles de convencer y Jesús emplea el argumento de sus manos.

Pensemos un momento en el papel que desempeñan las manos. Hay manos muy diferentes

— Hay manos finas y alargadas y manos regordetas y cortas
— Manos huesudas y firmes y manos blandas y sudorosas
— Manos que se mueven con elegancia y manos que se esconden
— Manos limpias y manos cuyos dedos parece que llevan una boina
— Manos hábiles y manos torpes

Las manos son una expresión y aun una extensión de la personalidad.

Stefan Zweig, en *24 horas en la vida de una mujer,* relata cómo una mujer se enamora de unas manos.

Un poeta refiriéndose a Ana de Austria (1601-1666), española, reina de francia por casamiento con Luis XIII escribió: "Asomaba al cabo de sus mangas unas manos tan blancas que yo en verdad habría querido ser abofeteado por ellas."

Valera en *Pepita Jiménez* escribe: "La mano es el instrumento de nuestras obras, el signo de nuestra nobleza, el medio por el que nuestra inteligencia reviste de forma sus pensamientos artísticos, y da ser a las creaciones de la voluntad, y ejerce el imperio que Dios concedió al hombre sobre todas las criaturas."

La Biblia no podía pasar por alto esta realidad, máxime cuando habla en términos concretos y no abstractos. Mientras nosotros hablamos del carácter, la conducta, el comportamiento y las actitudes, la Biblia habla del corazón y de las manos:

— "¿Quién subirá al monte de Dios?
  El limpio de manos y puro de corazón."
— "Si tu mano derecha te fuera ocasión de caer..."
— "No sepa tu mano derecha..."
— Pilato, que conoce el valor del simbolismo, prefiere la acción teatral a las explicaciones de su inocencia.

Jesús nos invita, como a sus discípulos, a contemplar sus manos y reflexionar sobre el significado de ellas.

I. MANOS DE TRABAJO

Al taller de Nazaret le traían para reparar herramientas del campo o muebles de sus casuchas.

"¿No es este el carpintero?"

El que obra con sus manos. La nobleza del trabajo.

II. MANOS EXTENDIDAS PARA AYUDAR

La suegra de Pedro.

Un ciego de Betsaida, se fue de la mano de Jesús.

La viuda de Naín.

Es el toque de amistad.

Dondequiera que se acepte este evangelio se levantarán manos dispuestas a ayudar.

Si das algo, da tu mano también, no la retires con miedo.

Jesús se refiere a aquellos que ponen cargas sobre los hombros y no son capaces de moverlas ni con un dedo.

II. MANOS PODEROSAS

Cuando Jesús vuelve a Nazaret: "¿Qué sabiduría es esta que le ha sido dada? ¡Cuántas obras poderosas son hechas por sus manos!" (Mar. 6:2).

Ev. de Juan "Yo les doy vida eterna; y no perecerán jamás, ni nadie las arrebatará de mi mano" (Juan 10:28).

No tengas temor que nadie te apartará.

Así lo siente Isaías 49:2: "Me cubrió con la sombra de su mano."

IV. MANOS DE TERNURA

Las madres traen a sus hijos para que los bendiga. No conforme con esto, pone sus manos.

— Manos que trabajan
— Poderosas para curar
— Poderosas para proteger
— Pero tiernas para acariciar

V. MANOS ORADADAS

La belleza de aquellas manos fue violada, ultrajada: los clavos, la cruz, sus tendones desgarrados.

Ahora se convierten en las manos más poderosas de toda la tierra porque realizan la redención.

ILUSTRACION:

Una niña tenía una madre hermosa que ella adoraba. Pero no en todo era hermosa; tenía unas manos arrugadas y deformes.

La niña: todo me gusta menos tus manos.

La madre le explica: Un día cayó la vela que iluminaba tu cuarto y se prendió fuego. Corrí escaleras arriba, arranqué las ropas que ardían y conseguí rescatarte.

La niña dijo entonces: Mamá, me gusta todo de ti, pero sobre todo tus manos.

VI. MANOS DE RESURRECCION

Ahora las manos llevan la huella del pasado, pero tienen una nueva naturaleza. Son manos de recuerdo y manos de promesa, de que cuando esta carne se pudra, volverá a surgir en una vida nueva, eterna.

Conclusión

Muchos argumentos pueden emplearse, pero este es el primero que empleó Jesús. Los suyos creyeron que él era, que verdaderamente había resucitado.

¿Crees tú también? ¿No quieres confesarle y entregarte a él ante la visión de sus manos?

Sindulfo Díez-Torres

COMO VIVIR VICTORIOSO EN UN MUNDO DE DERROTA
1 Corintios 15:51-58

Introducción

En un mundo indiferente la iglesia de Cristo es llamada a vivir una vida distintiva de tal manera que los de afuera no sólo puedan escuchar las buenas nuevas, sino también ver las buenas obras (Mat. 5:16). Como creyentes podemos vivir vidas consistentes y de entrega completa cuando entendemos la victoria que es nuestra en Cristo Jesús (v. 58).

Existe una progresión espiritual que sin duda afecta la manera en que vivimos aquí en este mundo presente. Entendemos que la iglesia de Jesucristo debe ser agresiva. Es comisionada o enviada con toda la autoridad de Cristo (Mat. 28:18, 19). Esta autoridad o potestad es tal que las mismas "puertas del Hades no prevalecerán contra ella" (Mat. 16:18).

Entonces veamos las tres verdades que debemos entender, creer y aplicar para vivir vidas victoriosas en un mundo de derrota.

I. DEBEMOS SER CONSECUENTES EN CUANTO A NUESTRA FIRMEZA

"Estad firmes y constantes" (v. 58).
A. Ser firmes en cuanto a lo que creemos.
   1. Tenemos una Biblia sin error (v. 3; 2 Tim. 3:16, 17).
   2. Tenemos un mensaje suficiente (vv. 1, 2; Rom. 1:16).
      a. Suficiente para la salvación "sois salvos" (v. 2).
      b. Suficiente para la satisfacción, "si retenéis la palabra" (v. 2).

B. Ser firmes en cuanto a lo que vivimos.
1. Debemos resisitir la vida del pecado (v. 34).
2. Debemos revelar la vida de justicia (vv. 33, 58).

Mientras que un mundo incrédulo busca señales, el mayor mensaje que Dios tiene para ellos hoy es la vida resucitada, cambiada, y nueva de un creyente (Mat. 5:16; 2 Cor. 5:17). Así como lo positivo, lo negativo también es contagioso. Cuidado a quién escuchas o con quién te juntas.

II. DEBEMOS SER CONSECUENTES EN CUANTO A NUESTRA ACTIVIDAD

"...creciendo en la obra del Señor" (v. 58).
Es más probable que uno se entregue al servicio dinámico *en el Señor*, después de que haya conseguido la firmeza en su vida por lo que *cree del Señor*.
A. Nos envolvemos en una actividad dinámica "creciendo" (v. 58).
B. Nos entregamos a una actividad específica (v. 58), "en la obra del Señor" (v. 58).
1. Esto produce un sentido de propósito
2. También produce un sentido de satisfacción.

III. DEBEMOS SER CONSECUENTES EN CUANTO A NUESTRA ESPERANZA

"Sabiendo que..." (v. 58).
"Velad y estad firmes en la fe" (16:13),
"...si no creísteis en vano" (v. 2).
A. Esperamos en un Señor resucitado (v. 4:14).
B. Esperamos en un Señor conquistador (vv. 26, 54, 55).
C. Esperamos en un Señor poderoso
1. Todos seremos transformados (vv. 51-53).
2. Todos seremos victoriosos (v. 57).
D. Esperamos un Señor recompensador (v. 58).
"Sabiendo que vuestro trabajo en el Señor no es en vano" (v. 58). Pablo dijo también: "He acabado la carrera; he guardado la fe. Por lo demás, me está reservada la corona de justicia, la cual me dará el Señor, Juez justo, en aquel día. Y no sólo a mí, sino también a todos los que han amado su venida" (2 Tim. 4:7, 8).

Conclusión:

Tú decídete a ser consecuente en tu firmeza, actividad y esperanza y el Juez justo te recompensará.

Confía en el Señor Jesucristo, porque el Señor es *soberano*, el Cristo es *salvador*, y Jesús es *santificador*.

Richard F. Vera

EL PODER DE LA RESURRECCION DE CRISTO
Filipenses 3:10a

Introducción

Los hombres solemos buscar realidades, cosas tangibles y concretas. Estamos tan acostumbrados a hablar de lo contante y sonante que frecuentemente nos resulta difícil pensar y hablar de otra manera.

Ya que buscamos realidades debemos saber que es en la cruz y en la resurrección de Cristo donde ciertas realidades se nos hacen más vivas y tangibles.

Cristo en la cruz mostró un gran realismo. Reconoció la realidad del pecado y la combatió con el poder del amor y el sacrificio vicario.

Cuando Cristo exclamó: "Dios mío, Dios mío, ¿por qué?", parecía como si estuviera resumiendo en un solo grito las grandes preguntas que los hombres han hecho dudando del amor y justicia de Dios.

¿Cuáles fueron esas preguntas?

I. ¿LE CUESTA EL PECADO ALGO A DIOS?

A. ¿Le cuesta a Dios algo del pecado o es indiferente a todos sus efectos y consecuencias?

B. Solemos pensar: Si Dios existe está en el cielo bien tranquilo. Yo soy el que estoy aquí luchando y sufriendo. ¿Qué sabe Dios de todo lo que pasa en la tierra?

C. La cruz responde en forma decisiva:

1. Dios no puede perdonar el pecado a menos que dicho perdón esté sellado con el sello de la sangre de un Cordero sin mancha ni defecto.

2. Dios solamente puede ofrecer el perdón a través de una mano traspasada.

3. La cruz es, pues, la manifestación del interés y del amor de Dios, y del precio que él pagó por el pecado. Es la revelación de la realidad del amor.

II. ¿ES LA FUERZA LA ULTIMA PALABRA EN ESTE MUNDO?

A. ¿Es la fuerza el árbitro final en las cuestiones humnanas? Jesús fue crucificado por la fuerza. Estuvo humanamente indefenso e impotente ante el poder de los soldados romanos.

B. Parece que siempre es así. La razón, la justicia, la verdad y la bondad son pisoteadas por la fuerza. Parece que Dios queda silencioso y como si estuviera del lado del más fuerte.

C. ¿De qué sirve la justicia y la verdad frente a la dura realidad del poder y la fuerza? Los pobres y los débiles claman y parece que los cielos no oyen. Llegamos a la conclusión desalentadora que la fuerza tiene la última palabra.

D. No adelantemos respuestas. La cruz suscita las preguntas, pero la resurrección las contesta en el mismo lugar en donde las hace, aquí en la carne.

E. Al tercer día Cristo se levantó de entre los muertos y dice el relato bíblico que los soldados quedaron como muertos. *MATÉO 28 4*

La respuesta de la resurrección es que la fuerza tiene poder hoy y mañana, pero al tercer día se hace pedazos ante la realidad de los hechos de Dios.

Jesús dijo: "Todos los que toman espada, a espada perecerán." Y esto no es sólo una frase de Jesucristo, es también el testimonio de la historia.

La fuerza tiene dos días de camino, pero al tercero, la razón, la verdad, la justicia y el amor resucitan.

III. ¿HASTA DONDE PUEDEN LLEGAR LAS MENTIRAS?

A. Jesús fue crucificado en base de mentiras o verdades a medias. ¿Es posible que la mentira sea capaz de matar y enterrar a la Verdad y el Amor? ¿Hasta dónde pueden llegar las mentiras? ¿Consiguen en última instancia su propósito?

B. Esto preocupa enormemente a los hombres honrados que aman la verdad y la justicia. Porque la mentira y el engaño se administran científicamente a escala mundial. La propaganda resulta tan poderosa como la espada.

Esto no es una tontería ni una exageración. Se cree y se practica.

C. ¿Hasta dónde pueden llegar las mentiras? La cruz suscita la pregunta y de nuevo la resurrección la responde.

Las mentiras pueden prevalecer hoy y mañana, pueden tener éxito durante dos días, pero el tercer día la Verdad se levanta de la tumba.

D. Cuando Jesús resucitó los sacerdotes dieron mucho dinero a los soldados, quisieron otra vez detener la verdad con la mentira. Ellos han pasado, Cristo permanece.

E. La verdad es más fuerte que la mentira, la luz que las tinieblas, el amor que el odio.

IV. ¿ES UN FRACASO LA INVERSION DE LA VIDA DE UN HOMBRE BUENO?

A. ¿Es acaso inútil que los hombres buenos y de verdad grandes dediquen sus vidas al bien? ¿No parece que siempre mueren violentamente antes de tiempo, como si el mal tuviera el poder de destruir esperanzas y promesas tan hermosas?

Ejemplo: Cristo y (en otro nivel, Martin Luther King, etc)

B. Cuando Jesús colgaba de la cruz todo parecía perdido. Sus esfuerzos frustrados; los frutos de su obra no aparecían; los discípulos huyeron y le abandonaron. Todo parecía que quedaba en ruina y cenizas.

C. De nuevo la resurrección responde y nos dice que la vida de un hombre bueno, que se derrama en amor y servicio por sus semejantes, nunca es en balde.

Conclusión

La cruz resume las grandes preguntas que los hombres han lanzado durante siglos hacia el cielo.

Hombres sinceros, inquietos, angustiados, que preguntaban y les parecía que Dios está sordo o es indiferente a todo.

Hombres que en la agonía de sus dudas y perplejidad llegaron a veces a pensar que la fuerza, la mentira y el odio son los que prevalecen.

En la cruz aparecen las preguntas, pero la resurrección las responde.

La vida es más fuerte que la muerte, la luz es más fuerte que las tinieblas, el amor es más fuerte que el odio, la verdad es más fuerte que la mentira.

Jesucristo resucitó y su iglesia vive en el triunfo de su resurrección. No cabe el temor o el desaliento. Los días obscuros se transformaron en luminosos. El vive y reina y los suyos vivirán y reinarán con él.

(Bosquejo inspirado en pensamientos de Stanley Jones)

José Luis Martínez

QUE VIERON LOS APOSTOLES EN LA ASCENSION

Hechos 1:6-11

Introducción

Era un momento muy dramático, que afectaba toda su comprensión del futuro y era un gran desafío para el pasado.

Fray Luis de León escribió una poesía sobre el tema que comienza:

"¿Y dejas, pastor santo,
tu grey en este valle hondo, oscuro
con soledad y llanto
y tú, rompiendo el puro
aire te vas al inmortal seguro?"

Pero Lucas 24:52 dice llamativamente que "volvieron a Jerusalén con gran gozo". Debemos pensar que sus sentimientos eran muy mezclados y ello nos ayuda a identificarnos con nuestros padres espirituales. La seguridad del triunfo y de la presencia del Salvador les permitía sentir gozo aún en la separación. Pero además, tuvieron conciencia de algunas cosas que vale la pena señalar.

I. GLORIOSA CONCLUSION DE SU MINISTERIO

Cuando algo evidentemente se acaba, ello nos produce reflexiones.

A. Recordaron que él lo había predicho. En más de una ocasión, el Señor había anunciado su regreso al cielo.
   1. Juan 6:62: "¿Esto os escandaliza? ¿Y si viéreis al Hijo del Hombre subir a donde estaba primero?"
   2. Juan 8:14. "Sé de dónde vine y a dónde voy."
B. Ellos mismos habían podido vislumbrar algo de lo que ocurriría, por medio de algunas experiencias en su ministerio.
   1. Tres habían estado en el monte de la transfiguración.
   2. Habían oído las palabras de Dios en tres ocasiones.
   3. Habían tenido pruebas de un poder y amor celestiales.
   4. Se había cumplido la promesa de la resurrección.
C. Hubo una gran diferencia con su llegada al mundo. Esta fue con humildad, pero su regreso fue con gloria.

D. Fue una prueba más de su obra. Leer Juan 3:13-18. Ahora "está en el cielo", ha sido "levantado" y eso nos hace creer en él.

II. EXALTACION CELESTIAL DE SU MAESTRO

A. El apóstol Pablo trata el tema en Efesios 4:8, 9. Asimismo es bueno leer Efesios 1:3 y subrayar cómo ya ahora él "ha bendecido en Cristo con toda bendición espiritual".
B. Dios le ha dado toda su gloria (Ef. 1:20-23). Notemos que se incluye toda la creación y específicamente a la iglesia.
C. Debemos poner la mira en ello (Col. 3:1, 2). Eso prueba la realidad de nuestra propia experiencia y muestra confianza en que él está en el trono de Dios.

III. ASCENSO DE LA HUMANIDAD AL CIELO

A. Jesucristo fue hombre en todo el sentido de la palabra y Dios quiso llevarlo en esa condición.
B. Eso es lo que lo transforma en nuestro Mediador. Lo es como "Jesucristo hombre". Su humanidad le sigue identificando con nosotros.
C. Eso garantiza que nosotros también podremos ir a la gloria. El cielo no es sólo la morada para los ángeles. Cristo nos preparó el lugar (Juan 14:2, 3).

IV. LUMINOSA SEÑAL PARA EL FUTURO

El hecho de que se haya cumplido ese punto de los planes y promesas divinos nos ayuda a confiar en los demás.
A. Vendrá el Espíritu.
1. Por eso Jesús había dicho que era necesario que él mismo se fuera (Juan 16:7). Curiosamente, su ausencia es el camino para una bendición mayor.
2. Eso sería el camino para conseguir que sintamos su promesa de estar siempre con nosotros (Mateo 28:20).
B. Dejaba una misión que cumplir. Cristo había hecho su parte y ahora les tocaba a ellos, así como a nosotros.
C. ¡Y tenemos la promesa de su regreso, reiterada en ese momento!

Conclusión

Juan 13 nos declara que él sabía que "a Dios iba" y por eso demostró su humildad, lavando los pies de los apóstoles.

Arnoldo Canclini

PENTECOSTES
Hechos 2:1-13

Objetivo

Descubrir que sólo el poder del Espíritu Santo puede hacer vidas cristianas poderosas en testimonio, palabra y acción.

Introducción

Pentecostés era una celebración judía, de importancia agrícola. Se le llama también "la fiesta de las semanas", porque estaba fijada para cincuenta días o siete semanas después de la Pascua.

El Pentecostés coincide con el cumplimiento de la promesa de Dios, dada a través de Jesucristo (Jn. 14:16, 17).

Pentecostés se ha vuelto un símbolo de la llenura del Espíritu Santo.

I. EL PERIODO DE LA ESPERA (Cap. 1)

A. Era una orden con un propósito definido: "Les mandó que no se fueran de Jerusalén" (1:4). Esto probaba la obediencia de los discípulos y apóstoles.

B. Debían esperar el cumplimiento de la promesa del Padre: "la cual, les dijo, oísteis de mí" (4). Esperar lo desconocido no es fácil.

C. La promesa incluía recibir poder: "Pero recibiréis poder cuando haya venido sobre vosotros el Espíritu Santo" (8).

D. El período de espera fue tiempo de preparación espiritual para que fueran capaces de recibir el poder. Antes habían estado en crisis espiritual y física. Jesús, su maestro había muerto, había resucitado, se les había aparecido durante cuarenta días, y les habló muchas cosas acerca del reino de Dios (3); todo esto los tenía agotados emocionalmente. Necesitaban reposo y oración.

E. En el Aposento Alto (3) perseveraban unánimes en oración y ruego (14). Unánimes en propósito, unánimes en oración, unánimes en ruego, unánimes en anhelo. Indudablemente rogaban a Dios que los tuviera por dignos de recibir la promesa, para ser testigos fieles de la gracia de Dios en Jesucristo.

II. EL CUMPLIMIENTO DE LA PROMESA (Cap. 2)

A. Cuando llegó el día de Pentecostés, estaban todos unánimes juntos (1). El momento del cumplimiento de la promesa los halló unánimes en oración; espiritualmente estaban listos para recibir al Espíritu Santo, en todo su significado y poder.

B. La presencia y acción del Espíritu Santo fue una experiencia singular para los discípulos y apóstoles, y también para la gente que estaba reunida en Jerusalén para las fiestas judías.

C. El Espíritu Santo llegó del cielo con un estruendo como de un viento recio que soplaba, el cual llenó toda la casa donde estaban sentados (2). Lenguas como de fuego, se asentaron sobre cada uno de ellos (3).

D. La presencia del Espíritu Santo los transformó interiormente capacitándolos para dar testimonio, con poder, de las maravillas de Dios (11). Ya no había temor, ya no había inseguridad, ya no dependían de los elementos humanos de su personalidad, ya no dependían de su propio poder, ni de su propia capacidad de persuasión. Ahora dependían totalmente del Espíritu Santo.

E. La gente que estaba en Jerusalén también oyó el estruendo. Seguramente el estruendo estaba focalizado en dirección al Aposento Alto, donde estaban los discípulos y apóstoles. "Hecho este estruendo, se juntó la multitud" (6); y estaban confusos, porque cada uno les oía hablar en su propia lengua. Y estaban atónitos y maravillados (7).

III. LA PERMANENCIA DEL ESPIRITU SANTO

A. La experiencia del Pentecostés fue el cumplimiento exacto de la promesa (Juan 14:16, 26; 17:7, 13)

B. Desde entonces el Espíritu Santo se quedó con nosotros y en nosotros (Juan 14:17), para siempre.

C. El Espíritu Santo nos da poder, convence de pecado, de justicia y de juicio, él nos guía a toda verdad (Jn. 8:13), él da testimonio a nuestro propio espíritu, de que somos hijos de Dios (Rom. 8:16). El Espíritu Santo nos ayuda en nuestra debilidad. El Espíritu mismo intercede por nosotros con gemidos indecibles (Rom. 8:26).

D. El Espíritu Santo dignifica nuestro cuerpo, tomándolo como morada y templo (1 Cor. 6:19).

Conclusión

1. Las promesas de Dios siempre se cumplen a su debido tiempo; por lo tanto, podemos confiar plenamente.

2. Para recibir el poder del Espíritu Santo necesitamos preparación adecuada. Oración, meditación profunda de la

Palabra, ruego humilde de ser tenidos por dignos, y un anhelo constante de ser llenos del Espíritu Santo.

3. La llenura del Espíritu Santo necesariamente cambia la vida, y produce una transformación maravillosa.

4. El Espíritu Santo siempre está presente en nuestra vida, desde que creímos en el Señor. Su presencia es permanente; sólo debemos dejar que nos inunde y nos dirija. Debemos anhelarlo y pedirlo en oración y ruego.

5. Sólo con el poder y la habilitación del Espíritu Santo podemos vivir plenamente la vida cristiana, y ser testigos fieles de su gracia.

José Vélez D.

POR QUE Y PARA QUE PENTECOSTES
Hechos 2

Introducción

Una antigua leyenda relata de un aborigen que bajó de las montañas y vio el inmenso océano por primera vez en su vida. Quedó sumamente impresionado de su belleza y grandiosidad..

Antes de volver consiguió un recipiente y lo llenó con agua del océano. "¿Para qué haces eso?", le interrogaron. "Pues porque mi pueblo nunca ha visto el mar y no pueden imaginarse lo que es. Les llevaré este poco de agua para que vean cómo es."

Creo que con el Espíritu Santo pasó algo por el estilo antes de Pentecostés. Los discípulos habían escuchado acerca de él, de su ministerio de labios de Jesús. Antes de ascender Cristo les indicó que se quedasen juntos hasta que se cumpliera la promesa. La expectativa era grande y junto a la curiosidad de saber quién era y cómo actuaría, se quedaron juntos muchos días.

Necesitaban lo que Jesús les había prometido y enseñado acerca de él.

Hoy el ser humano tiene dos grandes necesidades espirituales: una es la del perdón y la otra es de bondad.

Hay situaciones en la vida en que clamamos por ambas cosas, aún cuando en nuestra inquietud, confusión, soledad, temor y presiones a las que estamos sometidos no sepamos con precisión por qué cosas clamamos.

1. Dios escuchó el primer grito del hombre –clamor– pidiendo perdón y su respuesta fue el calvario de su Hijo único, Jesús. Dio al hombre su don inefable (2 Cor. 9:15).
2. Dios escuchó el segundo clamor –el clamor que pide misericordia y bondad y su respuesta fue Pentecostés. Esa respuesta aleja al ser humano de las derrotas, desalientos y falta de esperanza (2 Tes. 1:11, 12).
3. Al gran don del perdón Dios agrega el gran don del Espíritu Santo. El es la fuente del poder que posibilita la liberación de la miserable debilidad humana.

Si hemos de vivir una vida sana y de auténtica victoria necesitamos este doble don de Dios, este regalo del cielo. Necesitamos la obra del Hijo de Dios *por* nosotros, y necesitamos la obra del Espíritu Santo *en* nosotros.

I. EL ESPIRITU SANTO FUE PROMETIDO POR JESUS
(Juan 16:5-7)

A. Jesús enseñó cómo era y cómo actuaría.
B. Jesús prometió y cumplió (Hech. 2:1-4).
  ¡Qué día aquél! Lo que se les había anunciado y prometido estaba en ellos y con ellos. Antes de Pentecostés el énfasis estaba en esperar el cumplimiento de la promesa, ahora el énfasis está en dejar que el Espíritu Santo actúe en y a través de nosotros, la iglesia.

II. EL ESPIRITU SANTO, ¿QUIEN ES?

A. Es una persona.
  La enseñanza de Jesús sobre el trabajo del Espíritu Santo es singular y bien clara. Habla, testifica, intercede, guía, consuela.
B. Es una persona divina.

III. EL ESPIRITU SANTO, ¿QUE HACE HOY?

A. Es el evangelista por excelencia: está convenciendo al mundo de sus pecados. (Juan 16:7 ss.).
  Yo no puedo convencer a nadie de que es pecador, pero él logra contristar a las personas y les hace verse tales cuales son.
B. Está deteniendo el crecimiento de la iniquidad (2 Tes. 2:7).
  El día que él se vaya del mundo no habrá más dique de contención a la maldad y el pecado.
C. Está capacitando a los creyentes y a la iglesia para que hagamos bien la tarea.

Conclusión

Como en la ilustración inicial, quedamos sobrecogidos de admiración ante la tercera persona de la Trinidad. No queremos sólo un poco de su influencia sobre nuestras vidas, sino que tenga el control total de ella y también de la iglesia.

Lemuel J. Larrosa

¿BUSCAMOS HOY OTRO PENTECOSTES?
Hechos 2:1-4, 43-47

Introducción

Una de las cosas que más deseamos y buscamos iglesias y creyentes es la renovación espiritual. Hay hambre e inconformidad. Tenemos la vida nueva que nos da Cristo, pero no siempre la vida abundante que él prometiera.

A veces decimos: "Necesitamos otros Pentecostés". Pero, ¿sabe mos lo que decimos? ¿Qué esperamos?

Pentecostés era una festividad religiosa judía que se celebraba a los cincuenta días de la Pascua, y se celebraba cada año. Pero cuando hablamos hoy de Pentecostés nos referimos a otra cosa. ¿Cuál? ¿Qué es lo que les ocurrió a los discípulos de Cristo en aquel primer Pentecostés?

Cristo había ascendido a los cielos y ellos estaban esperando el cumplimiento de la promesa de la venida del Espíritu. Cuando llegó se sintieron poseídos por un sentido fuerte de la presencia y poder de Cristo.

Los acontecimientos que siguieron produjeron en ellos entusiasmo, osadía y armonía, y la salvación de muchos. Fue algo extraordinario que quisiéramos que se repitiera.

¿Qué significaría para nosotros hoy que se repitiera la experiencia de Pentecostés?

I. ADORAR ESPERANDO BENDICION ESPIRITUAL

A. Estaban todos juntos en el aposento alto. Se les había dicho que esperaran el cumplimiento de la promesa y estaban todos juntos esperándola. Si no hubieran estado allí esperando la bendición, lo más probable es que no la habrían recibido.

B. Cuando venimos al templo, ¿esperamos que algo suceda en nuestra vida? ¿Estamos listos para las bendiciones y promesas de Dios? El sentido de la presencia de Dios es real y poderosa cuando le adoramos y alabamos por lo que él ha hecho y nos ha dado.

C. A ese tiempo de adoración del domingo le llamamos "servicio". Es una ofrenda de nosotros mismos (Rom. 12:1, 2). En esa ofrenda viva el Señor se va a reafirmar a sí mismo en nosotros. Debemos venir dispuestos a dar a fin de recibir. Debemos venir buscando a fin de encontrar.

II. DAR TESTIMONIO DE CRISTO SIN TEMOR

A. Estaban tan llenos y entusiasmados que los que les vieron pensaron que estaban embriagados, pero Pedro les aseguró que no era así.

B. Aquí estaba Pedro, el hombre sin letras, el hombre impulsivo que se equivocaba mucho y cometía muchos errores, que había negado a Cristo, pero que ahora habla con denuedo acerca de Cristo y de lo que significa seguirle.

C. Cuando empezaron a compartir el mensaje de Cristo con osadía y entusiasmo muchos respondieron. Ya no escondían su luz debajo de la mesa, sino que la ponían en alto para que se viera.

D. Sabemos que debemos ser testigos; en realidad, queramos o no, somos testigos, no podemos evitarlo; seremos buenos o malos, pero todos somos testigos mediante nuestra vida. Pero en lo que se refiere al testimonio verbal muchos tienen dificultades.

E. A veces se enseñan y se ensayan métodos para dar testimonio. Los hermanos quedan muy sujetos al método y se hace muy mecánicamente, sin darse cuenta que lo principal es compartir lo que Cristo ha hecho y lo que él significa en tu vida personal.

III. CUIDARNOS LOS UNOS A LOS OTROS

A. No solamente compartieron la parte espiritual del evangelio, sino también en sus bienes y posesiones. Es decir, tenían cuidado unos de otros. Pusieron el evangelio en práctica.

B. Uno de los errores que muchos cometen es pensar solamente en Pentecostés en términos de un avivamiento espiritual para salvar almas. Pero no debemos olvidar la otra parte de Pentecostés: Compartir en las necesidades físicas de los demás.

C. Dios no solamente está interesado en el "más allá", sino también en el aquí y ahora.

D. Es bonito y conveniente orar, meditar, cantar, confesar, adorar. La vida devocional profunda es muy necesaria, pero también lo es encarnar el evangelio en testimonio práctico de amor, servicio y cuidado mutuo.

E. Pentecostés también llevó a que los cristianos se interesaran por los enfermos, los pobres, los hambrientos, los encarcelados, los analfabetos, etc., etc.

Conclusión

Pentecostés llegó pero fue olvidado en el transcurso del tiempo. Aparecieron las disputas, los pleitos, las divisiones, la inmoralidad, la suspicacia.

Por esto necesitamos que periódicamente se repita Pentecostés. Porque necesitamos renovación constante para poder centrarnos en la adoración que nos trae profundo sentido de la presencia de Dios, en el testimonio que comparte a Cristo y en el compartir generosamente con los demás todo lo que nosotros somos y tenemos.

José Luis Martínez

LA MADRE DE NUESTRO SEÑOR
Lucas 1:26-56

Introducción
1. Creemos la verdad que la Biblia dice acerca de ella.
2. Le damos la importancia que Dios le concedió y que ella asumió.
3. No la adoramos pero la admiramos.
4. Las madres cristianas pueden aprender mucho de ella y recibir inspiración de su vida.

I. LA MADRE QUE CANTA (1:46-56)

A. El "Magníficat".
   Así se llama este antiguo y maravilloso canto de la iglesia. Su nombre se debe a la primera palabra en latín.
   1. Alaba a Dios (1:46).
   2. Manifiesta que Dios es su Salvador (v. 47).
      Solamente el pecador necesita salvación.
   3. Expresa:
      a. Humildad: "ha mirado la bajeza" (1:48).
      b. Sumisión: "de su sierva" (1:48).
      c. Gratitud: "me dirán bienaventurada" (1:48).
   4. Declara las obras poderosas, justas y misericordiosas de Dios (1:49-55).
B. El canto y la música en el hogar.
   1. Expresan sinceridad y traen paz, tranquilidad y alegría.
   2. Crean un clima de adoración.
   3. Despiertan sentimientos de gratitud.

II. LA MADRE QUE CONFIA EN DIOS

A. Confía aunque no entiende.
   1. No entiende cómo puede ser madre virgen (1:34).
   2. No es necesario entender todo para creer (1:37).
B. La confianza se inspira en la sabiduría y bondad de Dios (1:38).

III. LA MADRE QUE SUFRE

A. Razones de su sufrimiento.
   1. El intento de Herodes de matar al niño (Mat. 2:13-23).

2. Durante el ministerio de su hijo vivió con muchos sobresaltos. Muchas veces fue perseguido. Tuvo conflictos con las autoridades eclesiásticas judías, e intentaron matarlo (Luc. 4:28, 29).
3. El juicio y la crucifixión.
4. El cumplimiento de la profecía de Simeón (Luc. 2:34, 35).
B. Dos maneras de sufrir.
1. Con paciencia; en silencio; confiando en Dios.
2. Con impaciencia; murmurando; con amarga resignación.

IV. LA MADRE QUE ORA

A. Va a la reunión de oración (Hech. 1:14).
B. Ora en su hogar.
1. Enseña a orar a sus hijos.
2. Ora por sus hijos y por su hogar.
3. Nunca deja de orar.

Conclusión

La madre cristiana canta y alaba a Dios creando el ambiente cristiano en el hogar. Confía en Dios aunque no entienda muchas cosas que suceden. Asume el sufrimiento con entereza y fe, y por sobre todo ora encomendando su hogar al cuidado divino. Nunca deja de orar porque sabe que la salvación viene de Dios. En todo esto aprende de la madre de nuestro Señor, la bienaventurada María.

Víctor Jesús Cabrera

LA DICHA DE LA MADRE CRISTIANA
1 Samuel 1:24-28

Propósito específico

Que los hermanos den gloria al Señor por la dicha reservada a las madres creyentes y que éstas procuren alcanzar la bienaventuranza y virtud de las madres cristianas.

Introducción

1. Este es un día especial dedicado a desear felicidad a las madrecitas.
2. La dicha de una buena madre parece siempre estar antecedida por momentos de gran sufrimiento y angustia.
3. Bien está pensar que la felicidad de una madre no debe limi-

tarse a sólo un día en el año, sino procurarse en todo el tiempo y para toda la vida.

4. En la experiencia de Ana, la madre de esta historia bíblica, podemos apreciar cuatro bellas virtudes que hicieron de ella y que pueden hacer ahora a una madre verdaderamente dichosa, en todo tiempo. Apreciémoslas en el siguiente orden:

I. DICHOSA ES LA MADRE QUE CREE EN DIOS Y SE REFUGIA EN CRISTO EN TODO MOMENTO (1 Sam. 2:10)

A. En los momentos de desesperación y angustia (1 Sam. 1:5, 7).
1. La angustia de no lograr la maternidad tan anhelada de toda mujer hebrea en este tiempo.
2. La provocación y burla de los rivales.
B. A pesar de las cosas buenas, buscar con vehemencia a Dios.
1. Más que el amor del esposo.
2. Más que la alegría de los mismos hijos.
Dichosa la madre, cuya sed de Dios es superior a todas sus angustias y ventajas en la vida.

II. DICHOSA ES LA MADRE QUE ORA POR SUS HIJOS

A. Ana oró por su hijo con amargura de alma.
B. Ana oró por su hijo largamente.
C. Ana oró por su hijo desde antes de concebirlo.
Dichosa la madre que aparta parte de su vida para orar a Dios por sus hijos antes de nacer y siempre.

III. DICHOSA ES LA MADRE QUE LLEVA A SUS HIJOS A TEMPRANA EDAD A LA CASA DE DIOS

A. Después de nacer el niño, Ana no fue al templo hasta que pudo llevar al niño con ella.
B. El niño era pequeño (cuando fue destetado) cuando fue llevado al templo por su madre.
Dichosa la madre que como Ana lleva a sus hijos desde pequeños a la casa de Dios (Prov. 22:6).

IV. DICHOSA ES LA MADRE QUE DEDICA SUS HIJOS A DIOS

A. Ana dedicó a Samuel aun antes de concebirlo (1 Sam 1:11).

B. Samuel fue llamado por Dios (3:10), pero su madre ya lo había dedicado antes.

Dichosa es la madre que no estorba los planes de Dios cuando él está llamando a sus hijos al ministerio; sino que por el contrario en su corazón los dedica a Cristo desde su niñez.

Conclusión

Ana decía: "Por este niño oraba, y Jehovah me ha concedido lo que le pedí." Que esta sea la experiencia de las madres cristianas ahora. Ana fue inmensamente dichosa en Samuel. Que nuestras madres sean igualmente felices ahora.

Demos gracias a Dios por nuestras madres cristianas y que como Ana encuentren gran felicidad en los hijos que Dios les conceda, al poner en práctica las cuatro virtudes vistas en Ana.

Arturo Alarcón González

LA OSADIA DE SER MADRE

Introducción

Las aspiraciones de las mujeres hoy, según estadísticas generales son:

— 71% trabajar fuera de casa.
— Incorporación al ejército.
— Pilotos comerciales (hoy hay alguna mujer piloto).
— Cuerpo de bomberos y policía.
— Minas.
— No pestañean ante la posibilidad de ser consideradas "mujer objeto". 56% de ellas están de acuerdo, es decir, lo aceptan.
— Pero, por encima de todo, lo que tienen perfectamente claro es que no quiere ser ama de casa.

Personalmente creo que el matrimonio es la mejor profesión que pueda tener una mujer. Reconozco que hay profesiones y tareas que son estimulantes e importantes, pero ninguna profesión es tan *difícil, exigente, emocionante, potencialmente remuneradora* como la tarea de:

A. Vivir con un hombre. Estudiarlo, apoyarlo, ayudarlo a liberar sus fuerzas, compensarlo en sus debilidades.

B. Ser madre (con todo lo que esto implica). Creo en la parentalidad, pero hoy insisto en el papel de la mujer por ser el día de "la madre".

C. Conseguir la realización de una pareja tal como fue creada por
Dios para cumplir con sus planes.
1. Enderezando vidas (ramitas).
2. Ayudando a los hijos a tener buenos modales.
3. No analizando la religión, sino *viviéndola.*

I. Mucha gente hoy (jóvenes especialmente) piensan que el
matrimonio y la naturaleza de los elementos que lo componen, es
una institución anticuada. ¿Por qué se vive esta idea colectiva? ¿Por
qué el papel de la madre está quedando relegado a una fecha
romántica o de interés para el consumo?
A. La publicidad.
   Hoy la parentalidad no es noticia de primera plana. Padres
   sencillos no son noticiables. Lo que llama la atención son
   familias escabrosas. ¿Cuántos programas ensalzan (en el cine y
   la televisión) el valor de la familia: padre y madre?
B. Los muchos fracasos lo demuestran.
   Estadísticas generales muestran que uno de cada cuatro
   matrimonios fracasan.
C. La hipocresía reinante lo manifiesta.
   Es mucho el tedio con el que muchas parejas viven.

II. Consecuencias

   Todo esto lleva a muchos a la consecuencia de no creer necesario
encadenarse a una persona por el resto de la vida. Hay que disfrutar del
sexo mientras se pueda, ¿qué mal hay? Cuando deseemos tener hijos
ya pensaremos en ello (en el matrimonio). Por otra parte, si la cosa sale
mal, mejor no comprometerse en firme; no hay que caer en la trampa.
   Y como la juventud de hoy está muy bien informada, puede
seguir diciendo: "Si el matrimonio es tan bueno, ¿por qué uno de cada
cuatro acaba mal?" Los especialistas podrían dar muchas razones. Yo
daré simplemente cuatro.
A. Porque se dan por vencidos muy fácilmente.
   En algunos casos muchos ya fueron al matrimonio con la idea de
   que si la cosa no marchaba bien –de maravilla– pues se cortaba y
   en paz. Esto entraña dos defectos de base:
   1. Planear de antemano una válvula de escape que debilita la
      lucha. Darse por vencido de antemano.
   2. Se tiene un falso concepto de la realidad del matrimonio, de
      la familia. Debe ir de *color de rosa,* y si no es así, pues…
      corte.
B. Las mujeres involucradas no están usando la cabeza.

En toda la problemática del matrimonio la mujer es más lista que el hombre, juega un papel estelar. La mujer debiera conocer al hombre, su hombre, sus hijos. Saber sus necesidades, lo que le ayuda a triunfar, ayudarle a saber a dónde quiere llegar, ser inteligente sexualmente, ser atractiva para retener a su marido. Pero para estas funciones muchas mujeres son: perezosas, mimadas, ocupadas en sí mismas y desmotivadas para pelear la buena batalla de la maternidad.

C. Se está desacreditando demasiado la célula familiar y el papel que realiza cada cual.

Parece un deporte universal el desacreditar a la familia. Desde las famosas revistas del corazón, pasando por telefilmes demoledores, la mayoría de las estadísticas son negativas (es cierto que hoy muchos matrimonios no van bien, pero los hay que siguen llenos de esperanza y alegría). El matrimonio es *impopular*. ¿Cuántos elementos de cultura, grupo o masas reconocen públicamente el valor de la madre abnegada?

D. Se está dejando de construir la familia desde la base: Dios.

La Palabra de Dios enseña rotundamente: "Si Jehovah no edifica la casa, en vano trabajan los que la edifican" (Sal. 127:1).

Luego él es la base de lo que es amar, vivir y educar.

La única institución capaz de invertir el rumbo actual de nuestra sociedad es el hogar cristiano, y de éste, elemento básico es la madre.

III. La osadía de ser madre

Ser mujer: Mujer dispuesta a verse y actuar como mujer. A menos que se esté en este objetivo, no se estará en condiciones de éxito como esposa y como madre.

Deprimente: Mientras más similitud haya entre los sexos, menos emocionantes serán las relaciones entre ellos.

Ante un mundo que...

— Está perdiendo el sentido de la ecuanimidad.
— Familias rotas.
— Dificultades económicas.
— Nuevas relaciones entre hombres y mujeres.
— Estancamiento del poder adquisitivo.
— La tremenda problemática infantil.

Hay necesidad de reactualizar el hogar como:

1. Primera escuela.
2. Correcto lugar para el amor.
3. Modelo de sociedad...

¡SE NECESITAN MUJERES-MADRES!

Es toda una *odisea,* una *aventura.*
Hay que enfrentarse en principio, contra las corrientes modernas de… autoindependencia (Autorrealización).
Nadie quiere ser "madre *de".* Libertad para el éxito personal.
Particularmente porque hoy el concepto de madre (aparte del comercialismo), se encuentra…
Políticamente: Enclavado en posiciones de conservadurismo (derechos denigrados) y capitalismo.
Cotidianamente: Enclavado en desvalorización.
¡Pobres madres! Hoy hay que dar a los hijos todo: belleza, cultura, relaciones públicas. ¡Ay de quien no lo consiga!

Conclusión

¿Quién quiere ser madre?
Toda mujer cristiana tendrá que imitar a María la madre por excelencia.
— Joven, virgen y creyente.
— Dinámica, moderna (El "Magníficat").
— Esposa: Dirigente en el hogar, mantiene la calma (cf. Mar. 3:31-35, Mat. 12:46-50, Luc. 8:19-21; y Juan 7:1-10).
— Creyente en el silencio.
— La fe que puede soportar pruebas o dificultades.
— La mujer-madre ejemplo para un mundo necesitado.

Roberto Velert Chisbert

LA GLORIOSA POSESION DE UNA MADRE
Proverbios 31:28

Introducción

Se levantan sus hijos y la llaman: "Bienaventurada."

Dichosa sentencia de la Palabra de Dios para toda mujer que sabe ser una verdadera madre.
La maternidad es un don divino concedido a la mujer como el medio por el cual un nuevo ser viene al mundo. Ya desde este punto la maternidad es uno de los más grandes misterios: La mano de Dios está

en cada criatura que es engendrada, así como en su gestación, alumbramiento y desarrollo.

Una verdadera madre desempeña diversos ministerios: Ser esposa amante, cuidar de la buena marcha del hogar, hacer de enfermera y maestra, ser defensa y escudo de su hijo en peligro, ser amiga comprensiva de sus pequeños, convertirse en heroína anónima en no pocas ocasiones, ser ejemplo vivo de las virtudes cristianas, y en algunos casos tomar el lugar del varón para llevar el sustento familiar.

Todo lo que hace una madre por el bien de sus hijos, no puede pagarse con nada, pero hay algo que es más valioso que el oro o la plata: La valiosa posesión de una madre.

I. UNA MADRE TIENE EL RECONOCIMIENTO DEL MUNDO

A. Este, a pesar de la perversidad en que se encuentra, ha sabido reconocer la sublime labor de una madre.

B. Por eso el mundo ha designado un día para rendir homenaje a las madres que lo han sabido ser.

   1. Las naciones erigen monumentos a la madre, y crean en su honor poemas hermosos.

   2. Y es que todo hombre, aun el más vil, siente que vibra su ser, y su corazón se enternece al influjo de tan dulce nombre: Madre.

C. Solamente cuidemos de que dicho reconocimiento no caiga en el mercantilismo o comercialismo tan común en estos días, sino que sea una verdadera expresión de amor y gratitud perenne.

II. UNA MADRE TIENE LA GRATITUD DE SUS HIJOS

A. Ellos, que son su más preciado tesoro, impulsados por el amor que nace de lo profundo de su ser, la bendicen toda la vida.

B. Qué mayor recompensa al dolor, los desvelos, las angustias y los sacrificios, que disfrutar del cariño y la gratitud de sus hijos.

C. Indudablemente que todo sufrimiento lo da una madre por bien empleado al ver a sus hijos sanos, contentos, ya encauzados correctamente en la vida, salvos y fieles al Señor.

   1. Una caricia o un abrazo de ellos vale más que todos los bienes materiales.

   2. Cómo enternece pensar en que una verdadera madre ama a su hijo aun cuando éste sea el peor criminal del mundo. No se cegará para no reconocer sus errores, pero eso no le impedirá amarlo con toda la ternura de su corazón.

3. Por eso todo ser humano siente para su madre un amor y gratitud solamente superados por el que se profesa a Dios.

III. UNA MADRE TIENE LA BENDICION DE DIOS

A. El Padre de amor y misericordia, el eterno Dios y Señor nuestro que nos ha dado la vida, derrama sus preciosas bendiciones en cada madre abnegada y fiel.

B. Y cómo no, si Dios se ha complacido en dignificar grandemente la maternidad al hacer posible que su amado Hijo unigénito, nuestro Señor Jesucristo, nuestro bendito Salvador, viniera a este mundo naciendo de mujer (Gál. 4:4).

C. No cabe duda, Dios bendice de mil maneras a cada madre cristiana que se esfuerza en oración, enseñanza y ejemplo, por el bien espiritual de sus hijos (2 Tim. 1:5; 3:15).

1. Ninguna madre cristiana podrá estar en paz mientras algunos de sus hijos no sean salvos.

2. Podemos darle todo a nuestros hijos: Educación, comodidades, lujos, cariño, etc., pero si no podemos llevarlos a los pies de Cristo mucho me temo que hemos fracasado como padres.

3. Bendita la madre que puede ver a sus hijos entregados al Señor.

Conclusión

Cuenta una leyenda que un día un ángel del cielo bajó a la tierra por un poco de tiempo. Al retornar a la gloria quiso llevar consigo las tres cosas más hermosas que pudiera encontrar para entregarlas a Dios. Encontró una hermosa flor, la dulce e inocente sonrisa de un niño, y el amor de una madre. Al estar ante el Señor, el ángel se dio cuenta de que la flor se había marchitado perdiendo así su fragancia y su belleza. La dulce sonrisa del niño se había tornado en llanto y la inocencia en malicia... Pero el amor de aquella madre seguía inalterable: Lleno de dulzura, bondad y sacrificio. Por tal razón el ángel alabó al Señor por haber concedido este don a los mortales.

Gracias, muchas gracias a nuestro buen Dios por la madre que vive, como también por la madre ausente la cual quisiéramos volver a ver.

Gracias, muchas gracias al eterno y amoroso Dios por darnos en cada madre una pequeña muestra de la grandeza de su amor.

Fernando de la Mora Rivas

UN PADRE COMPASIVO
Salmo 103:13

Introducción

Es la íntima experiencia del ser humano que nada hay mejor en este mundo que nos haga pensar en Dios, como la figura de un padre cuya virtud principal es la compasión. Un padre compasivo es lo que más se necesita en cada hogar, y lo que más han de desear ser quienes tienen el privilegio de la paternidad.

La compasión nos habla de amor, ternura, misericordia, bondad, longanimidad, paciencia y buena voluntad, todo lo cual nos habla de nuestro amantísimo Dios y Padre celestial, tal como el versículo que nos sirve de base para este mensaje lo dice: "Como el padre se compadece de los hijos, se compadece Jehováh de los que le temen."

Hoy es el Día del Padre, y esta congregación se alegra de participar en esta celebración, razón por la cual deseamos pensar en estos momentos, para la honra y gloria de Dios y bendición nuestra en la siguiente pregunta: ¿Cómo es un padre compasivo?

I. ES UN PADRE COMPRENSIVO

A. A fin de que haya compasión primero debe haber comprensión.
B. Es esta una virtud que se desprende de la sabiduría que nos proporciona la íntima y constante comunión con Dios por medio de la oración y la meditación de su santa Palabra.
C. Es por tanto indispensable que un padre sea de verdad comprensivo de los problemas, necesidades, anhelos, sueños y de los sufrimientos de sus hijos.

II. ES UN PADRE AMOROSO

A. La verdadera compasión nace del amor entrañable, por eso no podemos conceptuarla como lástima, sino como la verdadera expresión del profundo y sincero amor que Dios pone en el corazón de un padre para sus hijos.
B. Un padre normal es un padre que ama:
1. A todos sus hijos por igual, ya que es un terrible problema el hacer diferencias entre los hijos:
a. El triste caso de Jacob y Esaú (Gén. 25:27, 28).
b. El lamentable caso de José y sus hermanos (Gén. 37:3, 4).
2. No permite que el amor le ciegue:
a. Por mucho que amemos a nuestros hijos no debemos cegarnos ante sus errores ("Dónde tiene mi hija lo feo que no lo veo").

> b. Por mucho que amemos a nuestros hijos no hemos de molestarnos cuando recibimos alguna queja a causa de su mal comportamiento.
>   3. No cae en ningún momento en el "consentimiento" perjudicial:
>   a. Nada hay más peligroso que un padre consentidor (1 Sam. 3:11-13).
>   b. Por eso la sabiduría divina nos habla con toda claridad de tan importante asunto (Prov. 29:15).

III. ES UN PADRE JUSTO

A. Justo para premiar los aciertos de sus hijos y estimularlos siempre a seguir adelante haciendo el mayor bien.
B. Justo para reprender y castigar al hijo rebelde y contumaz cuando se haga necesario (Prov. 19:18).
   1. Pero el castigo debe ser justo (no castigar sin motivo, o impulsados por la ira).
   2. El castigo debe tener un límite (Col. 3:21).
C. Justo para reconocer sus propios errores (Sal. 19:12).
   1. Tenemos que reconocer que no somos perfectos y que podemos equivocarnos.
   2. Cuando cometamos algún error en nuestros tratos con nuestros hijos, es signo de hombría y de sabiduría no sólo reconocerlo, sino disculparnos por ello.
D. Justo para dar el mejor ejemplo en todo momento y bajo cualquier circunstancia.
   1. Recordando que los hechos hablan más alto que las palabras.
   2. Recordando las hermosas palabras de nuestro bendito Salvador: "Porque ejemplo os he dado, para que así como yo os he hice, vosotros también hagáis" (Juan 13:15).

Conclusión

Indudablemente que un padre compasivo es aquel que ante todo se compadece de la condición espiritual de sus hijos cuando estos andan lejos de los caminos de Dios. Sufre por ellos, ora por ellos, no descansa hasta verlos en las benditas manos del Salvador.

Es un padre que lucha no sólo por darles a sus hijos casa, sustento y vestido, sino muy especialmente por darles amor y un ambiente hogareño adecuado, en el cual reine la unidad, la comprensión y la buena voluntad, pero sobre todo en el cual reine Cristo.

Es un padre que lucha por ayudar a sus hijos a superarse y a prepararse para enfrentarse a la vida como hombres de bien: honrados, honestos, trabajadores y cumplidos.

Un padre así merece el respeto, el cariño y la obediencia de sus hijos. Es un padre a quien Dios bendice ricamente; un padre quien al final de sus días puede darle gracias al Señor por haberle permitido cumplir lo mejor posible con el más alto de los deberes y el más precioso de los privilegios: Haber sido un verdadero padre.

Fernando de la Mora Rivas

MI CASA, FARSA O FORTALEZA
Mateo 7:24-27

Introducción

1. "Algunos padres preguntan por qué los ríos están amargos cuando ellos mismos contaminan la fuente." Locke
2. Padres que quieren que sus hijos anden por caminos buenos deben andar los caminos que quieren que sus hijos recorran.
3. Un niño dijo: "Papá, yo no temo morir si Dios es como tú."
4. Como padres cristianos tendremos que edificar puentes que nunca usaremos, plantar árboles que jamás disfrutaremos y sembrar para que se recoja lo que jamás comeremos.
5. Los padres que tienen buenos hijos los tienen porque los hijos tienen buenos padres.
6. El historiador Gibbon dijo en 1787 que el Imperio Romano cayó en parte debido al aumento en divorcios, el menosprecio de la dignidad y santidad del hogar, la base para la sociedad.
7. La familia cristiana debe ser una familia decente, sufriente, impresionante, obediente, sonriente.
8. Sigamos la forma de construir un edificio para construir nuestros hogares como sigue:

I. LA CONSTRUCCION

A. Arquitecto: Dios
Si Dios es el arquitecto de la ciudad celestial, cuánto más puede y debe ser el arquitecto de nuestras familias (Heb. 11:10).

B. Especificaciones: La Biblia
1. "Toda la Escritura es inspirada por Dios y es útil para la enseñanza, para la reprensión, para la corrección, para la instrucción en justicia, a fin de que el hombre de Dios sea

perfecto, enteramente capacitado para toda buena obra" (2 Tim. 3:16)

2. "Sed edificados como piedras vivas en casa espiritual" (1 Ped. 2:5b).

C. Fundamento: Cristo

1. "Porque nadie puede poner otro fundamento que el que está puesto, el cual es Jesucristo" (1 Cor. 3:11).

2. "Arraigados y sobreedificados en él..." (Col. 2:7a).

3. "La piedra que desecharon los edificadores, ésta fue hecha cabeza del ángulo" (1 Ped. 2:7b).

D. Columnas: La disciplina

1. "El que tiene en poco la disciplina menosprecia su vida; pero el que acepta la corrección adquiere entendimiento" (Prov. 15:32).

2. "No provoquéis a ira a vuestros hijos, sino criadlos en la disciplina y la instrucción del Señor" (Ef. 6:4).

3. "Al momento ninguna disciplina parece ser causa de gozo, sino de tristeza; pero después da fruto apacible de justicia a los que por medio de ella han sido ejercitados" (Heb. 12:11).

E. Paredes: La educación

1. "Adquiere sabiduría, adquiere entendimiento" (Prov. 4:5).

2. "Instruye al niño en su camino; y aun cuando sea viejo, no se apartará de él" (Prov. 22:6).

3. "La vara y la corrección dan sabiduría, pero el muchacho dejado por su cuenta avergüenza a su madre" (Prov. 29:15).

F. Techado: La experiencia cristiana

1. "Porque ejemplo os he dado, para que como yo os hice, vosotros también hagáis" (Juan 13:15).

2. "Nadie tenga en poco tu juventud, pero sé ejemplo de los creyentes" (1 Tim. 4:12).

3. "...mostrándose en todo como ejemplo de buenas obras..." (Tito 2:7).

II. LA MANUTENCION

A. Relaciones maritales

1. "Las casadas estén sujetas a sus propios esposos" (Ef. 5:22).

2. "El esposo es cabeza de la esposa" (Ef. 5:23).

3. "Esposos, amad a vuestras esposas" (Ef. 5:25).

4. "...Dejará el hombre a su padre y a su madre, y se unirá a su mujer, y los dos serán una sola carne" (Ef. 5:31).

5. "La esposa respete a su marido" (Ef. 5:33b).

6. "El esposo cumpla con la esposa el deber conyugal, y asimismo la mujer con el marido" (1 Cor. 7:3).

B. Relaciones filiales
1. "Hijos, obedeced en el Señor a vuestros padres..." (Ef. 6:1).
2. "Honra a tu padre y a tu madre, que es el primer mandamiento con promesa..." (Ef. 6:2).
3. "Padres, no provoquéis a ira a vuestros hijos..." (Ef. 6:4).
C. Relaciones espirituales
1. "Si algún hermano tiene esposa que no sea creyente, y ella consiente en vivir con él, no la abandone... si una mujer tiene marido que no sea creyente, y él consiente en vivir con ella, no lo abandone... quizá harás salvo a tu marido... a tu mujer..." (1 Cor. 7:12-16).
2. "Escogeos hoy a quién sirváis ...pero yo y mi casa serviremos a Jehovah" (Jos. 24:15).

III. LA PROTECCION

A. Sistema de seguridad
1. "Y él fue bautizado en seguida, con todos los suyos...se regocijó de que con toda su casa había creído en Dios" (Hech. 16:33, 34).
2. "Orad sin cesar" (1 Tes. 5:17).
3. "Alabad a Jehovah, porque él es bueno; porque para siempre es su misericordia" (Sal. 118:1).
B. La presión de arriba, de abajo, de afuera.
1. "¿Con qué limpiará el joven su camino? Con guardar tu palabra" (Sal. 119:9).
2. "En mi corazón he guardado tus dichos, para no pecar contra ti" (Sal. 119:11).
C. El cercado de Dios en las tres personas
1. "...mayor es el que está en vosotros, que el que está en el mundo" (1 Jn. 4:4).
2. "...si alguno hubiere pecado, abogado tenemos para con el Padre, a Jesucristo el justo" (1 Jn. 2:1b).
3. "...fiel es Dios, que no os dejará ser tentados más de lo que podéis resistir..." (1 Cor. 10:13b).

Conclusión

1. "Si Jehovah no edifica la casa, en vano trabajan los que la edifican". (Sal. 127:1).
2. Un hombre edificó una casa con materiales inferiores y se quedó con el dinero, sólo para descubrir que era su propia casa la que construía.

3. "Cree en el Señor Jesús, y serás salvo, tú y tu casa" (Hech. 16:31) "...que yo y mi casa serviremos al Señor".

Rudy A. Hernández

EL SACERDOCIO EN LA FAMILIA
1 Samuel 2:11-17; 3:11-14

Introducción

En cierta ocasión, cuando se le informó a un reo que iba a ser condenado a muerte por sus innumerables crímenes, se le concedió un deseo. Lo que pidió este condenado a muerte fue: "Quiero que traigan a mis padres", dijo, "el día de mi ejecución". Así, entre verdugos y autoridades presentes, dijo señalando a sus padres: "Este hombre y esta mujer son los verdaderos culpables de que ahora ustedes me condenen a muerte; porque ellos *nunca me corrigieron,* más aún, cuando yo robaba, ellos aceptaban en silencio lo robado; nunca me castigaron; ellos hacían lo que yo quería; desde pequeño hice lo malo y así fui degradándome y por eso soy ahora un criminal..."

Ante esto un sicólogo diría: Es un mecanismo de defensa, el reo proyecta su culpa. Y usted, padre de familia, dirá: Ese joven está exagerando...

Es cierto que el reo no tiene toda la razón; pero hay una enseñanza importante que algunas veces se olvida: La responsabilidad de los padres en formar a sus hijos o lo que podemos llamar el sacerdocio en el hogar.

I. LA RESPONSABILIDAD DEL PADRE EN FORMAR SUS HIJOS

A. Herencia de Jehová son los hijos (Sal. 127:3).
   La responsabilidad de criarlos, alimentarlos, vestirlos, y darles una formación religiosa y profesional es imperativo en el creyente (1 Tim. 5:8).
B. El padre es cabeza del hogar (Ef. 5:22, 23).
   Es el sacerdote, a falta de él debe ser la madre quien guíe a los hijos al conocimiento de Cristo.
C. Todo creyente es sacerdote en su hogar.
   El padre debe ser un sacerdote, Elí, aunque fue sacerdote de Israel, se olvidó de su casa (1 Sam. 3:19). Ana, la madre de Samuel, aprendió a ser una mujer de oración (1 Sam. 1:10; 2:19). Samuel, como hijo, tuvo que ser un sacerdote ante la

casa de Elí (1 Sam. 3:13, 14). Elí, un sacerdote, no lo fue en su hogar; descuidó a sus hijos y aunque hacían con él las tareas propias del templo de adoración, sin embargo, no tenían conocimiento de Jehová (1 Sam. 2:12).

II. LA RESPONSABILIDAD DEL PADRE EN SER UN SACERDOTE EN SU HOGAR

A. El peligro de confiar en la tradición religiosa. Hay que enseñar con el ejemplo (1 Sam. 1:3). Elí confió en su papel de sacerdote, y en que sus hijos asistían al templo y aun siguiendo su tradición se hicieron sacerdotes. Actualmente, cuántos miembros de la iglesia llevan a sus hijos a la escuela dominical y asisten a los cultos, pero no ejercen un sacerdocio en su hogar, (1 Ped. 2:9, 10; Col. 3:18-21; Ef. 6:1-4).

B. Impartir el conocimiento de Jehová en el hogar (1 Sam. 2:12). Los hijos de Elí se criaron en la tradición religiosa de sus padres, pero no conocían a Dios. Actualmente, si sus hijos son creyentes, ¿dan frutos de arrepentimiento? (Mat. 7:21-23).

C. Guiar y disciplinar a sus hijos (1 Sam. 2:27-29; 3:13). Elí no honró a Dios, se olvidó de su llamado de sacerdote en su hogar; se olvidó de aplicar Deuteronomio 6:1-9; donde debió ser un sacerdote que denuncia y corrige el pecado de su familia. Aplicar la disciplina a tiempo, (1 Sam. 2:22-25). Siendo muy viejo, trató de disciplinar y guiar a sus hijos; pero era demasiado tarde... Usted desde ahora debe orar por sus hijos no conocidos, por sus hijos pequeños y corregirlos a tiempo (Prov. 22:6).

III. EL HOGAR SE DESTRUYE CUANDO NO SE HONRA A DIOS (1 Sam. 2:29-34).

A. Hay tragedia en el hogar (1 Sam. 4:17). El pecado de los hijos de Elí trajo consecuencias muy tristes, la casa de Elí perdió la bendición de seguir siendo sacerdotal, y sufrió mucho, porque él no honró a Dios en sus hijos.

B. El activismo del templo no garantiza que sus hijos sean creyentes, sino en su vida diaria; momento a momento debemos honrar a Dios. Cuántas veces damos preferencia en casa a la televisión y a los afanes de la vida y no celebramos nuestro culto familiar y momentos de oración entre la familia.

Conclusión

En un país de América del Sur la casa pastoral fue allanada por la policía porque uno de los hijos del pastor estaba involucrado en tráfico de drogas. Lamentablemente, se destruyó el ministerio de un pastor y la iglesia fue herida. Hermano (a), ¿cómo está ejerciendo su obligación de sacerdote en su hogar? ¿Motiva a su familia a realizar el culto familiar? ¿Qué está haciendo para que sus hijos dejen su entretenimiento y estudien juntos la Biblia?

José D. Colchado Añazco

¡UNA FAMILIA FELIZ!
Efesios 5:17–6:9

Introducción

Todo hogar tiene problemas y tensiones que repercuten en la sociedad.

Pablo habla del control del Espíritu Santo en un contexto de la familia y sus relaciones, no tanto en un contexto de "iglesia". A la luz de Efesios 5:17—6:9, se podrá ver que solamente hay una forma de tener una familia feliz.

I. LA IMPORTANCIA DE LA FAMILIA

A. Tres instituciones de Dios.
1. La familia es el centro y la primera (Gén. 2:18-25).
   Es la preparación para ingresar a la sociedad.
2. El gobierno (Gén. 9:4-7; Rom. 13:1-8).
   Su propósito es proteger al hombre.
3. La iglesia (Hech. 2).
   Es el instrumento de Dios para proclamar su reino.
B. La familia es básica para todos.
1. Es básica para el adulto.
   El hombre solo es incompleto (Gén. 2:20-22).
   La causa mayor de estrés en el adulto es la pérdida de su cónyuge.
2. Es básica para los niños.
   El hogar plasma el carácter y la personalidad (Prov. 22:6).
   El hogar sigue siendo el centro de formación de valores y seguridad del individuo.

II. DECADENCIA DE LA FAMILIA

A. Desintegración de la familia.
 1. De cada dos matrimonios uno termina en divorcio.
 2. El 30% de los matrimonios son infelices.
B. Pérdida de valores
 1. La Biblia ha dejado de ser la guía del hogar.
 2. Los valores del mundo invaden el hogar: adulterio, pornografía, secularización, divorcio fácil, filosofía permisiva.

III. EN BUSCA DE UNA FAMILIA FELIZ

A. Un hogar feliz es producto del control del Espíritu Santo (Ef. 5:17, 18).
 1. Un hogar feliz es aquel en el cual cada uno asume sus responsabilidades hacia el otro (Ef. 5:21).
 2. La vida cristiana se verifica en la familia (Ef. 5:22—6:4).
B. Hay que someterse al control del Espíritu Santo.
 1. Examinándose cada uno (Sal. 66:18).
 2. Sometiéndose a Dios (Rom. 6:11).
 3. Comportándose como el Espíritu quiere (Gál. 5:17).
 4. Luchando contra el pecado (1 Tes. 4:3-8).
 5. No entristeciendo al Espíritu (Ef. 4:30-32).

Conclusión

Se ha examinado la importancia de la familia y se ha visto con tristeza que muchas están en decadencia. Es responsabilidad de la familia cristiana vivir bajo el control del Espíritu Santo, para tener una familia feliz y ser un aporte positivo para la sociedad.

Juan Carlos Cevallos A.

EL HOGAR CRISTIANO ANTE EL MUNDO
Josué 24:14, 15

Introducción

Mucho se ha hablado por todos los medios y en todos los lugares de la terrible condición por la que atraviesa el mundo. Y en verdad que todo lo que se dice está plenamente justificado: La situación actual deja mucho que desear y bastante que temer, pues las cosas siguen de mal en peor.

El relajamiento de las costumbres y la inmoralidad atentan sobre todo contra el hogar, el cual es la base de la sociedad, de la patria y de la iglesia.

La iglesia ocupa un lugar muy importante en el mundo, pero la iglesia proyecta su influencia por medio de sus miembros, y mucha de esa influencia se deja sentir por medio de la vida familiar. Por esa razón consideremos hoy el lugar que ocupa el hogar cristiano ante el mundo.

I. EL HOGAR CRISTIANO SE PRESENTA ANTE EL MUNDO COMO UN OASIS

A. El mundo se asemeja mucho a un árido e inhóspito desierto en el que se mueven penosamente millones de personas agobiadas y desfallecidas, sedientas del agua de vida eterna.

B. El hogar cristiano en el cual hay paz, fe y amor es un oasis, un remanso lleno de tranquilidad en medio de un mundo lleno de contiendas y de sequedad espiritual.

C. El mundo de Josué era un mundo lleno de idolatría, de rebeldía a la voluntad de Dios, de inclinación al pecado y a toda clase de maldades. Hastiado de esa condición Josué insta fervorosamente al pueblo para que haga la decisión de su vida. O los dioses falsos, o el verdadero y único Dios. Su decisión personal ya estaba tomada: "Pero yo y mi casa serviremos a Jehovah."

II. EL HOGAR CRISTIANO SE PRESENTA ANTE AL MUNDO COMO UNA ESCUELA

A. En ese pequeño mundo que es el hogar se manifiesta de una manera especial la enseñanza de la Palabra de Dios.
 1. Así lo manda el Señor: (Deut. 11:18, 19).
 2. El hogar es la mejor escuela ("La educación se mama").

B. Es en el hogar donde encuentran eco las palabras predicadas desde el púlpito: Grandes y pequeños aprenden juntos la voluntad de Dios.

C. El culto familiar siempre será un medio eficaz para el crecimiento espiritual de los miembros del hogar, los cuales ante la presión del paganismo puedan decir con profunda convicción: "Yo y mi casa serviremos a Jehovah."

III. EL HOGAR CRISTIANO SE PRESENTA ANT MUNDO COMO UN TESTIMONIO:

A. La forma como se desenvuelve la vida familiar habla objetivamente en una u otra forma, de lo que sus integrantes creen.
B. Sí, el hogar testifica necesariamente a favor o en contra de Cristo:
   1. Cada miembro de la familia tiene un mensaje cada día de su vida para el mundo que le rodea.
   2. De la manera en que vivimos y nos conducimos dentro y fuera del hogar, dependerá fuertemente la actitud que otros tomen hacia el evangelio.
C. Las miradas del mundo se vuelven no tanto a los templos donde es fácil ser piadoso (o aparentar serlo), sino en forma especial a los hogares y a la familia, donde la vida cristiana se practica positiva o negativamente.
   1. Qué importante es entonces para nosotros la pregunta que el profeta Isaías hizo al rey Ezequías: "¿Qué han visto en tu casa?" ¿Cómo ve la gente nuestro hogar?
   2. Por eso, cuán importante es que como Josué podamos decir de palabra y de hecho: "Yo y mi casa serviremos a Jehovah."

IV. EL HOGAR CRISTIANO SE PRESENTA ANTE EL MUNDO COMO UN ALTAR

A. Tristemente podemos decir que muchos hogares en este mundo son altares a Satanás.
B. Los hogares cristianos deben ser un altar para el verdadero Dios:
   1. Un centro de adoración al Señor.
   2. Un centro misionero por excelencia (cuántas iglesias nacieron en un hogar…).
   3. Un remanso de paz donde se puede respirar el evangelio puro y santo que se vive cada día
C. Un altar donde reina verdaderamente Cristo.
   1. Donde cada vida está rendida totalmente a él.
   2. Donde su voluntad se hace con gozo.
   3. Donde cada miembro le sirve y le glorifica.

Conclusión

Al decir esto alguien podría pensar que pedimos lo imposible, que perseguimos una utopía… ¡Nada más lejos de la verdad!
Cada hogar cristiano puede y debe ser esto que hemos dicho y

mucho más, si permitimos que sea el Señor quien dirija nuestra vida familiar. Si Cristo vive y reina en nuestro hogar, entonces cada hogar cristiano será de verdad un oasis, una escuela, un testimonio y un altar. Todos sus integrantes disfrutarán de paz, unidad, armonía, comprensión, amor y buena voluntad.

¿No nos mueve esto a examinar a la luz de la Palabra de Dios la forma como funciona nuestro hogar? ¿Sentimos la necesidad de pedirle a nuestro Dios que lo haga verdaderamente cristiano?... Esto debe ser así, pues la Biblia dice: "Si Jehovah no edifica la casa, en vano trabajan los que la edifican..." (Sal. 27:1).

Que en nuestro ser interior haya siempre este noble y hermoso sentimiento: *"Yo y mi casa serviremos a Jehovah."*

Fernando de la Mora Rivas

Graduación de estudiantes

RECONOCELE, SIRVELE, BUSCALE
1 Crónicas 28:9, 10

Introducción

Hoy es un día muy especial para todos nosotros.
1. Padres: Ven a sus hijos crecidos y terminando una etapa importante.
2. Estudiantes: Acaban la etapa de la adolescencia y entran en la edad adulta.
3. Iglesia: "Gozarse con los que se gozan.

Queremos felicitar a estos jóvenes. Han llegado al final de esta etapa; no todos llegan. Queremos también renovar, como comunidad cristiana, nuestro compromiso de apoyo incondicional.

¿Qué os podemos decir de parte de Dios en esta ocasión tan especial que os sirva de inspiración y fundamento sólido? Leamos en 1 Crónicas 28:9, 10. El rey David estaba pasando a su hijo las responsabilidades del trono y la edificación del templo.

Salomón iba a empezar a "volar por su cuenta", a tomar decisiones importantes por sí mismo. Como vosotros de ahora en adelante. ¿Cómo lo hará para lograr éxito y felicidad? Su padre con muchos años de experiencia le aconseja.

I. RECONOCE A DIOS (v. 9).

A. Significa algo más que simple costumbre, tradición o conocimiento intelectual. Es examinarlo, hacerlo tuyo, tenerlo por propio convencimiento y experiencia personal.
B. Ya no es cuestión de que tengáis la fe de vuestros padres o pertenezcáis a la iglesia de vuestros padres por costumbre o tradición. Eso no va a ser suficiente en los desafíos de la vida de adulto.
C. Os puedo asegurar que ese reconocimiento personal de Dios es más importante que cualquier otra cosa.

II. SIRVELE CON CORAZON PERFECTO Y ANIMO VOLUNTARIO (9)

A. El primer paso es conocerle, el segundo es servirle. Si estamos convencidos y motivados, le serviremos.
B. Uno de los aspectos más importantes de la vida es la lealtad. A

veces está el *conocimiento* y el *deseo*, pero también hay otras cosas que nos atraen. Pero no podemos servir a dos señores.

C. Sírvele de corazón perfecto y ánimo voluntario.

1. "Corazón perfecto" en el vocabulario bíblico significa hacerlo con totalidad e integridad.
2. El servicio a Dios nunca puede ser forzado o fingido, sino de ánimo voluntario.
3. Si no se hace así, "de corazón perfecto y ánimo voluntario", termina fallando y a nadie satisface.

III. BUSCA AL SEÑOR

"Si le buscares, lo hallarás" (9).

A. Este es un principio básico del evangelio: "El que busca, halla; al que llama, se le abre; el que pide, recibe."
B. La vida os va a traer de todo. No os engañéis, no todo es fácil; y si fuera fácil no tendría gracia.
C. David aprendió, y nosotros los "viejos" también, que no importa cómo sea el día (frío o caluroso), si estáis motivados o desalentados, *si buscares al Señor, lo encontrarás*. El nunca está lejos.

IV. ESFUÉRZATE Y HAZLO (10)

A. Los consejos pueden ser buenos, pero si no los seguimos de nada sirven, la palabra final de David es: "Dios te ha elegido para una obra... esfuérzate y hazla."
B. La tarea de Salomón era edificar un templo a Dios. David preparó materiales, pero la tarea era de Salomón.
C. Seas lo que seas, sé lo mejor. Lo que tengas que hacer, hazlo. "Esfuérzate y hazlo."
No sueñes ni pienses en lo que no tienes. Disfruta y usa lo que sí tienes.

Conclusión

Vuestra graduación es un paso realmente importante para vuestra vida. Habéis puesto las bases para lo que sigue. ¡Enhorabuena!

Ahora salís de territorio conocido para meteros en territorio desconocido. Hay emoción y algo de temor. Israel, a punto de entrar en la tierra prometida, se retrasó muchos años en disfrutar de las bendiciones y posesiones prometidas, por incredulidad y temor. Vosotros: Reconocer al Señor, servirle, buscarle, esforzaos y haced lo que tengáis que hacer.

SE LO MEJOR

Si no puedes ser pino alto y robusto,
Que en la cumbre se baña de esplendor,
No te aflijas por ello. ¡Sé un arbusto!;
Pero entre los arbustos sé el mejor.

Si eres hierba tan sólo en la pradera,
Embellece el camino con tus flores.
Y si tan sólo un pececillo fueras,
Sé el encanto del lago donde moras.

No podemos ser todos capitanes.
Si nadie es tropa, el esfuerzo es vano.
No tan sólo hay lugar para titanes...
Tenemos obra al extender la mano.

Si no fueras camino, sé vereda.
Sé una estrella, si no fueras sol.
No es ser grande la gloria verdadera.
Cualquier cosa que seas... ¡Sé el mejor!

Autor desconocido

ORACION DE CONSAGRACION

Mi Señor Jesucristo:
— Gracias porque me amas y diste tu vida por mí...
__ Gracias porque eres mi Salvador y Señor...
— Gracias porque eres mi fuente de inspiración y fortaleza...
— Quiero oír tu llamado de ¡Sígueme! y quiero obedecerte, Señor.
— Quiero ir contigo por los caminos que tú señales...
— Quiero que me lleve tu mano por valles y cimas...
— Quiero que tus pasos marquen mi ruta y no me espanten los
sacrificios, ni me ahuyenten los dolores...
— Quiero seguirte, Señor, en el disfrute de lo mucho y en la
ansiedad de lo poco...
— Quiero seguirte en los días de risas y en las horas de dolor...
— Anhelo obedecer tu mandato cuando haya fuerzas para la
jornada y también cuando las debilidades me posterguen a la
retaguardia...
— Deseo seguirte, Señor, cuando el sol alumbre los senderos y
cuando la noche esconda los caminos...

— Necesito seguirte en mi trabajo, en la escuela, en el hogar, en mis soledades...
— LLAMAME HOY, Señor...
— Dímelo claro, bien alto, con firmeza...
— Dime que te siga con ternura y esperanza, con amor y con reto...
— Y haz que a partir de ahora, no haya para mí más metas que tus pasos, más ilusiones que tus órdenes, ni más seguridad que tu poder. ¡Amén!

José Luis Martínez

PARA GLORIA DE DIOS
1 Corintios 10:31

Objetivo

Lograr que los estudiantes que se están graduando reconozcan que todo lo han recibido de Dios y, por lo tanto, debe ser para su gloria.

Introducción

Yo no soy nada, Señor
Mas de mi nada tú puedes hacer algo.
¡Aquí estoy, gota opaca,
polvo ínfimo, soplo leve!
Nada soy, nada valgo.
Tú puedes hacer algo de mi nada.
¡Hazlo, Dios mío, hazlo!

Este es un fragmento del poema "Yo no soy nada, Señor", de don Gonzalo Baez Camargo (Pedro Gringoire), periodista y escritor cristiano de la ciudad de México, D. F., que ya está con su Señor. Todo el poema es un reconocimiento humilde de que todo lo que somos y tenemos, lo hemos recibido del Señor de la vida. El es quien hace de nuestra vida algo.

I. ¿QUE TIENES QUE NO HAYAS RECIBIDO? (1 Cor. 4:7)

A. Indudablemente había gente muy orgullosa en la iglesia de Corinto. Orgullosa de sus maestros, tradiciones, conocimientos, de su riqueza; y debido a ello se sentían poderosos y con un espíritu de suficiencia propia. Era tal el orgullo, que se sentían reyes, sabios y poderosos (Jamieson-Fausset-Brown).

B. Por esta razón el apóstol enfatiza el hecho, sin lugar a duda, de que todo lo recibimos del Señor. Les pregunta: ¿Qué tienes que no hayas recibido? El énfasis está en que si tienen algo o son algo se debe a que lo recibieron. No lo habían logrado por su propia fuerza o sabiduría. Así que, no tenían de qué gloriarse.

C. Nosotros, los cristianos, debemos reconocer con humildad que todo lo que tenemos o somos proviene de Dios. Vida, sabiduría, riqueza, profesión. Deuteronomio 8:17, 18 dice: "Acuérdate de Jehovah tu Dios. El es el que te da poder para hacer riquezas. No sea que digas en tu corazón: Mi fuerza y el poder de mi mano me han traído esta prosperidad."

D. Hoy podríamos parafrasear la Escritura Sagrada diciendo: Acuérdate de que el Señor, tu Dios, te dio la sabiduría y la capacidad para hacer esta carrera o profesión; y no digas en tu corazón: Mi inteligencia y sabiduría han hecho que logre graduarme en esta profesión.

II. A UNO DIO CINCO TALENTOS, Y A OTRO DOS...
(Mat. 25:15)

A. El Señor Jesús nos enseñó que el mundo es así y que Dios reparte a cada uno sus talentos. El mundo en que vivimos forma un mosaico de profesiones y trabajos. Todos necesarios para la supervivencia humana en sociedad. De acuerdo con el enfoque teológico, Dios es el que da los talentos, las habilidades y aptitudes, para la colocación ocupacional adecuada.

B. Antes se creía que era importante descubrir cuál era la vocación profesional de cada individuo, y en función de ella se seleccionaba la carrera o profesión universitaria. Hoy se selecciona pensando en lo lucrativa que pueda ser, con el deseo únicamente de enriquecerse. A pesar de lo que la gente piense, en general, el enfoque cristiano sigue siendo el mismo.

C. Los padres cristianos deben enseñar a sus hijos desde pequeños, a preguntar a Dios: ¿Qué quieres que sea cuando tenga que ir a la universidad?

D. Indudablemente, Dios tiene alguna profesión, algún oficio, en el que quiere tenernos, por alguna razón especial en su infinita soberanía. El grave problema del mundo reside en el desconocimiento de la soberanía de Dios con respecto a la profesión o trabajo donde debemos realizarnos productivamente.

E. No olvidemos que somos responsables de los talentos que recibimos, y de ellos tendremos que dar cuentas.

III. HACED TODO PARA LA GLORIA DE DIOS (1 Cor. 10:31).

A. "La conclusió de todo el discurso oído es este: Teme a Dios, y guarda sus mandamientos; pues esto es el todo del hombre" (Ecl. 12:13). El todo del hombre en esta tierra está en amar a Dios con todo el corazón, toda la mente, todas las fuerzas (Mat. 22:37).

B. En la teología de Pablo, se establece una secuencia de pensamiento: *Dios nos hizo:* "Porque somos hechura suya" (Ef. 2:10). O como lo expresa el salmista: "Tus manos me hicieron y me formaron" (Sal. 119:73). *Dios nos redimió:* "Porque habéis sido comprados por precio" (1 Cor. 6:20). *Jesús nos enseñó* que los talentos los da Dios: "A uno dio cinco, y a otro dos, y a otro uno" (Mat. 25:15). *Pablo declara* que nuestra vida tiene una sola consigna: "A fin de que seamos para alabanza de su gloria" (Ef. 1:6, 12, 14) *Por lo tanto:* "Todo lo que hagáis, hacedlo de corazón, como para el Señor y no para los hombres" (Col. 3:23). "Hacedlo todo para la gloria de Dios" (1 Cor. 10:31). "Sirviendo de buena voluntad, como al Señor y no a los hombres" (Ef. 6:7). El énfasis y la enseñanza son muy claros.

C. Así queda demostrado que la profesión o carrera en que estáis siendo graduados hoy, debe ser para gloria de Dios. ¿Cómo podéis servir a Dios con la carrera o profesión en que os estáis graduando? Eso también os lo debe revelar el Señor. Preguntadlo en oración ferviente, porque allí está el éxito de tu vida profesional.

Conclusión

1. Si hoy te estás graduando profesionalmente, ¿qué tienes que no hayas recibido? Acéptalo con humildad.

2. Tus capacidades y talentos proceden de Dios, de acuerdo con la enseñanza bíblica. A uno dio cinco, a otro dos, y a otro, uno…

3. Por lo tanto, todo lo que hagas profesionalmente, lo debes hacer de corazón, para alabanza de su gloria.

José Vélez D.

EN LA ESCUELA DEL MAESTRO
Mateo 26:30-35

Introducción

Al iniciarse las clases uno piensa en la enseñanza, en los maestros que vamos a tener. A veces pensamos de una manera idealizada acerca de ellos o nos desvalorizamos como alumnos. Es cierto, la enseñanza es formativa y el maestro es fundamental, nos abrirá el camino del conocimiento; pero, ¿podrá entendernos?, ¿podremos captarle? En los evangelios nos encontramos con un Maestro (Rabí), Maestro de maestros, quien en la escuela de la vida no sólo imparte conocimiento, sino que forma personas, discipula. Hoy te encuentras con él: Jesucristo. El desea formarte teniendo en cuenta tu personalidad.

I. JESUCRISTO Y PEDRO

Pedro alumno, era una persona impulsiva, mayor, casado, tenía alrededor de 47 años. Era rudo, fuerte, trabajador, curtido (Mar. 1:16-18).

A. Se maneja por impulsos, a veces acierta, otras yerra.
   1. Camina sobre el mar y duda (Mar. 3:16).
   2. Confiesa a Cristo y quiere quedarse en el monte a vivir (Mat. 16:16).
B. Es un líder natural, caudillo, impetuoso.
   1. Representa al grupo, habla por ellos (Mat. 17:4).
   2. Quiere implantar el reino de Dios con la espada.
      Le corta la oreja al siervo Malco (Juan 18:10, 11).
C. Es orgulloso y confía mucho en sus propias fuerzas.
   1. Niega que pueda abandonar a su maestro, cree en sus fuerzas (Mat. 26:69).
   2. No quiere comer lo que Dios le muestra en la misión (orgullo judío) (Hech. 8:14-24).
      A Pedro, Jesús le muestra que no importa lo que eres, sino lo que Dios puede hacer de ti.

II. JESUCRISTO Y TOMAS

Era una persona joven, intelectual, piensa todo y cree que todo ha de tener una base racional y una explicación, aun los misterios de Dios y el hombre (Juan 14:5).

A. Era uno de los doce.
Fue escogido por Jesús, le gustaba cómo enseñaba Jesucristo. Nunca se destacó del grupo socialmente, creía porque veía señales y una doctrina coherente (Luc. 6:15).

B. Amaba y dudaba.

Admiraba y amaba a Cristo y le seguía (Mar. 3:18).
1. Estaba en el aposento con los otros discípulos que hablaban acerca de la resurrección del maestro, pero él dudaba, porque era un hecho ilógico (Juan 20:25).
2. Encuentro con el Maestro (Juan 20:27).
Jesús lo entiende y le dice: mete tu mano, comprueba con los sentidos, examíname, usa tu mente lógica. Comprendes que "Soy el Cristo", ¿entiendes esto? (Juan 20:27), no dudes más.

C. La confesión de Tomás (Juan 20:28).

Es la declaración teológica más importante del Nuevo Testamento.
1. Señor mío, Dueño de la vida, he aquí tu siervo (Juan 20:28).
2. Kiryos (Señor); Señor de la vida, de la muerte, de la creación.
3. Dios mío: El único Dios, sobre todos los dioses y los hombres y la naturaleza, yo tu criatura y tú mi Dios (Juan 20:28).

A Tomás el intelectual Jesús le enseña lo que él necesita, no importa lo que eres, Dios tiene respuesta. Tomás va a la India.

III. JESUCRISTO Y JUAN

Juan Boanerges (hijo del trueno). Joven, 30 años, ambicioso, difícil, de buena posición económica, cariñoso, observador (Mar. 1:19, 20).

A. Vengativo y amante del poder.
Solamente tenemos la idea de Juan como cariñoso, pero tenemos que conocerlo más a fondo.
1. Quería tener poder, en el reino de Dios, estar como autoridad a la derecha (Mar. 10:35).
2. Duro y vengativo: quería matar a los samaritanos por no recibir a su maestro (Luc. 9:54).

B. Cariñoso y activo:
1. Se apoyaba en el pecho de Cristo (Juan 13:25).
2. Siempre se destacó por estar en todo lo que pasaba. Estuvo en

el monte de la transfiguración, en el día de la resurrección (Juan 20:2).

A Juan, Jesús le muestra que no importa los conflictos que tenga, sino lo que Cristo puede hacer con él, este cambia y se transforma en el apóstol de la humildad y el amor.

Conclusión

Así como trató con aquellos discípulos en una formación personalizada, para sacar lo mejor de ellos respetando su personalidad, también nos trata a nosotros. Dios quiere tomar nuestra personalidad, para perfeccionarla a lo largo de la vida. ¿Te animas a seguir el desafío del Maestro?

Alberto Daniel Gandini

¿QUE SIGNIFICAN ESTAS PIEDRAS?
Josué 4:6

Introducción

1. Generaciones de hombres que no las vieron colocar, preguntan: "¿Qué significan para vosotros estas piedras?"
2. Israel acababa de cruzar el Jordán para entrar en la tierra de promisión. El paso del río era el comienzo de un nuevo capítulo en la vida de un pueblo dedicado a Dios.
3. Todo empezó con un milagro. El arca fue llevada por los sacerdotes en medio de la corriente y "las aguas del Jordán fueron divididas", y el pueblo pasó en seco.
4. Después Josué ordenó que un hombre de cada tribu tomara una piedra de en medio del Jordán y la llevase al lugar donde habían acampado. Las doce piedras vinieron a ser un memorial, un testigo de la historia de la salvación que Dios había practicado con su pueblo.
5. Así, cuando las generaciones siguientes preguntaran: "¿Qué significan para vosotros estas piedras?" ya tenían una respuesta preparada (4:7). Podrían dar testimonio del propósito, presencia y poder de Dios en medio de su pueblo.
6. Aquí hay unas piedras colocadas, y preguntamos: "¿Qué significan estas piedras?" Nuestra respuesta debe estar también preparada, como un producto de la reflexión y convicción de una experiencia vivida.

I. ES UN LUGAR FUNCIONAL

A. Es un lugar funcional que se convierte en sagrado solamente por la presencia de "dos o tres" que se reúnen en el nombre de Jesucristo.
B. Hay gran diferencia entre estas piedras y aquellas de Josué. Aquellas eran solamente un monumento conmemorativo, éstas tienen como finalidad cumplir una función: albergar la reunión de los creyentes.
C. Si creyéramos que este templo es sagrado en sí mismo, serían en vano las advertencias de la Palabra donde se nos dice que Dios no habita en templos hechos de manos. Si hiciéramos del templo un ídolo, estaríamos regresando a la idolatría de nuestros padres.

D. El Nuevo Testamento nos dice que el verdadero templo es el corazón y no un edificio, por hermoso que éste pueda ser. A veces sucede que hay un bello edificio y Dios no está en los corazones de los que se reúnen a adorarle. Esto es lo que no podía comprender la mujer samaritana, quien, al consultar a Jesús sobre si era necesario adorar a Dios en Jerusalén o en el monte Gerizim, escucha con asombro la respuesta de Cristo, en Juan 4:21-24. Ver también 1 Pedro 2:5.

E. Como la Escritura afirma, el templo de Dios es nuestro corazón. Las piedras que forman el edificio "espiritual", es decir, lo que en el templo pueden ver los que entran en él, *somos* los creyentes que aquí nos reunimos para adorar a Dios.

F. Así se explica que el hombre pueda adorar a Dios en cualquier lugar, aparte del templo, y que los primeros templos fueran las casas de los creyentes.

G. Una vez dicho y reconocido esto, nos enfrentamos con la realidad histórica de que los cristianos han levantado en todo lugar casas especiales donde se han reunido para adorar a Dios, y que tales lugares han sido muy bendecidos.

H. Y es que aquí se da el tremendo misterio de que "donde hay dos o tres reunidos en su nombre" Jesucristo está presente. En ese momento el templo se convierte en lugar sagrado.

II. ES UN LUGAR DE ADORACION

A. ¿Qué significan y para qué son estas piedras? ¿Para qué se reúnen los creyentes aquí? Se reúnen para adorar a Dios. Y, ¿qué es adoración?

B. El significado más esencial y simple es el de postración, de inclinación. Es una palabra llena de fuerza que nos impele a la actitud de reverencia ante Aquel que ha creado todas las cosas y las mantiene.

C. Adoramos cuando reconocemos que todo lo que mi vida necesita se encuentra en él y que no me sentiré completo si no tengo comunión con él.

D. La categoría de la adoración se expresa mediante dos palabras bíblicas que son comunes en el lenguaje de la iglesia. Son "aleluya" y "amén".

Cuando he aprendido a decir estas dos palabras con todo mi ser y mis fuerzas, he llegado a la comprensión de lo que es adoración. Decimos "amén" a su voluntad y "aleluya" como una ofrenda de alabanza.

Estas piedras significan que hemos construido un lugar donde nos reunimos para adorar. Para decir: "Amén" y "aleluya".

III. UN LUGAR QUE OFRECE PERSPECTIVA

A. Esta es una respuesta especial para el hombre de afuera. Este es un lugar donde el hombre verá con otra perspectiva los problemas de la vida.
B. Nos lo sugiere la lectura del Salmo 73:16, 17. Aquí tenemos un alma inquieta por el problema de los siglos: la injusticia. Cuando está a punto de darse por vencido, entra en el santuario. Nada ha cambiado, pero su visión es totalmente diferente.
   1. La visión de todo hombre es limitada, como por el ojo de una cerradura. La visión de Dios lo abarca todo.
   2. La visión del hombre tiene que ver generalmente con sus intereses. La perspectiva de Dios responde a intereses más altos.
   3. La visión del hombre se reduce al tiempo. La perspectiva de Dios se abre a la eternidad.
   4. La visión del hombre es parte de que él cree que es bueno. La perspectiva de Dios le muestra que el mal empieza en él.

Conclusión

Por su presencia aquí, este templo será para muchos "Casa de Dios y puerta del cielo".

Sindulfo Díez-Torres

COMO DEDICAR LA CASA DE DIOS
1 Crónicas 28:1-6, 19-21; 29:1-25

Porque el templo no será para hombre sino para Jehovah Dios (29:1).

Introducción

Es un verdadero privilegio que tenemos, como humanos imperfectos, de ser clasificados como colaboradores con Dios. Con ese privilegio viene la responsabilidad, porque es algo muy bello y sagrado. Descubramos la manera bíblica de cómo dedicar la casa de Dios, veamos los siguientes cinco pasos:

I. EL LIDER ES ACONSEJADO (28:9, 10, 20)

A. Debe reconocer a Dios.
   "Reconoce al Dios de tu padre" (v. 9).
B. Debe servir a Dios.
   1. Con corazón perfecto (v. 9).

2. Con ánimo voluntario (v. 9).
C. Debe temer a Dios.
   1. "Porque Jehová escudriña los corazones de todos" (v. 9).
   2. "Porque Jehová entiende todo intento de los pensamientos" (v. 9). (Jeremías 17:9, 10.)
     a. ¿Bendición o maldición? ¿Qué queremos?
     "Si tú le buscares, lo hallarás; mas si lo dejares él te desechará para siempre" (v. 19). (Jeremías 17:5-8.)
     b. Bendiciones de la obediencia (Deut. 28:1-14).
     c. Consecuencias de la desobediencia (Deut. 28:15-68).
D. Debe agradecer a Dios (v. 10).
   1. Un privilegio tremendo: "Jehová te ha elegido" (v. 10).
   2. Una responsabilidad tremenda: "esfuérzate, y hazla" (v. 10).
E. Debe obedecer a Dios: "manos a la obra (v. 20).
F. Debe permanecer fiel a Dios: "hasta que acabes" (v. 20).

II. EL PUEBLO ES INSTRUIDO (29:1-3)

A. Establece que el líder fue escogido por Dios (v. 1).
"Solamente a Salomón... ha elegido Dios" (v. 1).
Pero la obra es grande y el hombre necesita la colaboración (v. 1). (1 Cor. 3:9; Col. 3:17, 23.)
B. Establece que la casa es de y para Dios.
   1. Porque la casa no es para hombre (v. 1).
     a. Entonces no hay dueños
   2. Sino para Jehová Dios (v. 1).
     a. Cristo es la Cabeza
     b. La Biblia es el Manual
C. Establece que el hombre es mayordomo.
   1. Se sirve con determinación: "Con todas mis fuerzas" (v. 2).
   2. Se sirve con anticipación: "He preparado para la casa de mi Dios" (v. 2).
   3. Se sirve con devoción: "Mi Dios" (v. 2).
   4. Se sirve con abundancia (2 Corintios 9:6-8).
   5. Les enseña con palabra pero también con el ejemplo. "Yo con todas mis fuerzas *he preparado* para la casa de Dios... en abundancia" (v. 2).
D. Establece que el hombre debe amar la casa de Dios: "tengo mi afecto en la casa de Dios" (v. 3).
   1. El amor motiva.
   "Además de todo esto... " (v. 3).
     a. Nos motiva a apartar para Dios: "yo guardo".
     b. Nos motiva a preparar para Dios: "he preparado".

2. El amor demuestra.
   "he dado para la casa de mi Dios" (v. 3).
   a. "Porque donde esté vuestro tesoro, allí estará también vuestro corazón" (Mat. 6:21).
   b. "Mas buscad primeramente el reino de Dios y su justicia, y todas estas cosas os serán añadidas" (Mat. 6:33).
   c. "Ninguno puede servir a dos señores..." (Mat. 6:24).

III. EL PUEBLO RESPONDE (29:6-8, 17)

A. Ofrecieron voluntariamente (v. 6).
B. Dieron con sentido de propósito.
   "Y dieron para el servicio de la casa de Dios" (v. 7).
   "Y todo lo que tenía ...dio para el tesoro de la casa de Jehová" (v. 8).
C. Confiaron en el tesorero.
   "Y todo el que tenía...dio...en mano de Jehiel gersonita" (v. 8).
D. Respondieron espontáneamente.
   "tu pueblo...ha dado para ti espontáneamente".

IV. EL RESULTADO

A. Alegría.
   1. Porque contribuyeron voluntariamente (v. 9).
   2. Porque de todo corazón ofrecieron a Jehová (v. 9).
B. Bendición.
   1. Un pueblo alegre y bendecido se torna de bendición para otros.
      "Se alegró mucho el rey" (v. 10).
   2. Esto también causa que otros bendigan a Jehová.
C. Reconocimiento (vv. 11, 12).
   Cuando un grupo de personas responden bien con el Padre, esto resulta en un reconocimiento del Padre.
   1. Es reconocido como el dueño de todo (v. 11).
   2. Es reconocido como el poderoso (v. 12).
      "De él es la magnificiencia, el poder, la gloria, la victoria, el honor, la riqueza, el dominio, la fuerza."
D. Adoración.
   Dios nuestro, nosotros alabamos y loamos tu glorioso nombre (v. 13).
E. Humillación.
   "Porque ¿quién soy yo, y quién es mi pueblo? (v. 14).
   Pues todo es tuyo, y de lo recibido de tu mano te damos (v. 15).

F. Conciencia.
1. De que la vida es una jornada
"extranjeros y advenedizos somos" (v. 15).
2. De que la vida es una jornada breve "y nuestros días sobre la tierra, cual sombra que no dura" (v. 15).
3. De que la vida es una jornada de responsabilidad.
"...yo sé, Dios mío, que tú escudriñas los corazones,..." (vv. 16, 17). (2 Cor. 5:10.)

V. LA ULTIMA PETICION

A. Primeramente por el pueblo (v. 18).
1. "Conserva perpetuamente esta voluntad del corazón."
2. "Encamina su corazón a ti."
B. Luego por el líder (v. 19).
1. Da...un corazón perfecto
a. Para que guarde tus mandamientos y estatutos.
b. Para que haga todas las cosas y te edifique casa.
C. Finalmente a todos (v. 20).

Conclusión

1. Bendición (v. 20).
2. Adoración (v. 20).
3. Sacrificaron (v. 21).
4. Ofrecieron (v. 21).
5. Compañerismo (v. 22).
La prosperidad y engrandecimiento del líder fue posible por la entrega y unidad de todos, el pueblo y el líder.

Richard F. Vera

DEDICANDO A DIOS NUESTRO TEMPLO
2 Crónicas 7:11-16

Propósito específico

Guiar a los hermanos para que al dedicar el templo que han construido, tengan en cuenta las condiciones que Dios quiere que se cumplan en las acciones que forman la razón de tal dedicación.

Introducción

1. La dedicación del templo construido por Salomón debió haber

sido un motivo de gran alegría, para Salomón mismo y para todo el pueblo.

2. La nota más relevante en esta dedicación la pone el Señor al aprobar y elegir el lugar para que esté ahí su nombre para siempre.

3. Nuestros templos ahora, grandes o pequeños; espléndidos o modestos, tal vez no puedan compararse con el primer y único templo del tiempo de Salomón; sin embargo, sí queremos que al dedicarlo como casa de Dios cuente con la misma aprobación de nuestro Señor.

4. En nuestro relato bíblico encontramos cómo Dios condiciona los actos que han de regular su presencia y aprobación en este acto. Tengámoslo en cuenta al dedicar ahora este templo.

I. DEDIQUEMOS ESTE LUGAR PARA ADORAR A CRISTO EL SEÑOR

A. Por la abundancia de su misericordia (Sal. 5:7).
B. Porque esto agrada al Señor (Juan 4:23).

II. DEDIQUEMOS ESTE LUGAR PARA VENIR A ORAR A DIOS (Isa. 56:7)

A. En busca del oportuno socorro.
   1. En los momentos de enfermedad y dolor.
   2. En problemas con la sociedad o económicos.
   3. En dificultades con la gente o persecución.
B. Pidiendo a Dios por el mundo perdido (Jer. 33:3; Mat. 6:7, 8).

III. DEDIQUEMOS ESTE LUGAR PARA PREDICAR A CRISTO

A. Que todos se humillen ante el Señor en este lugar.
B. Que los pecadores se arrepientan en este lugar.
C. Que las almas perdidas se encuentren con Cristo en este lugar.
D. Que Dios perdone los pecados en este lugar.

Conclusión

Si tenemos en cuenta a qué quiere Dios que dediquemos este lugar, podemos apropiarnos de su hermosa promesa y pedir ahora:

1. Que los ojos del Señor estén abiertos en este lugar a la adoración de su pueblo.
2. Que los oídos divinos estén atentos a la oración de su pueblo en este lugar.

3. Que el amor de Cristo se manifieste y Dios conceda perdón y vida eterna en este lugar.

Arturo Alarcón González

UN SANTUARIO PARA DIOS

Números 9:15—10:10; Exodo 25:8; 1 Crónicas 22:19; 28:10

Introducción

Nos reúne una oportunidad singular hoy día: estamos inaugurando un santuario para Dios. Si bien nuestra teología cristiana no descansa sobre ladrillos o cemento, no pasa desapercibido para ningún lector de las Escrituras que un lugar de adoración tiene trascendencia para Dios y para el hombre.

I. EL TABERNACULO Y LA PRESENCIA DE LA GLORIA DE DIOS (Núm. 9:15 ss.)

A. Dios pidió que se levantara un tabernáculo (Exodo 25:8).
Su promesa misma es que él morará en ese lugar. No queda confinado aquí cuando nos vamos.
De una forma singular él mismo dice: "Habitaré en medio de ellos."

B. Dios promete su gloria en el tabernáculo (Núm. 9:15).
Y aquella experiencia se establece como una norma para todos los tiempos: primero el tabernáculo y después la gloria de Dios.
Los símbolos visibles que nos muestra el pasaje de los Números evidencian esta gloria llenando el lugar dedicado para la adoración y la oración.

II. EL TABERNACULO Y LA PRESENCIA DE DIOS GARANTIZAN QUE EL GUIA (Núm. 9:17 ss.)

El pueblo se movía o se detenía cuando la señal visible de la presencia de Dios lo indicaba.

A. Para una comunidad como ésta donde está ubicado este nuevo templo no hay señales como nubes o columnas de fuego, pero están los cristianos que deben moverse según la voluntad de Dios y no por iniciativas humanas. La gente observa quiénes y cuándo entramos al templo. Observa lo que hacemos dentro y fuera del lugar de adoración.

B. Una lección que no debemos olvidar: los israelitas estaban atentos a la nube. Estaban con expectativa de la presencia de

Dios. Ellos se movían de acuerdo con los movimientos de Dios y no a la inversa.

III. EL TABERNACULO Y LAS TROMPETAS DE PLATA (Núm. 10:1, 2)

Necesitamos tanto de la presencia de Dios como de las trompetas de plata. Veamos por qué.

A. Las trompetas dan sonidos de advertencia para que estemos alertas. "...para convocar la congregación..."
B. Las trompetas dan sonidos para movilizar al pueblo de Dios. "...para hacer mover los campamentos".
C. Las trompetas son hechas de una forma especial.
1. Son de plata. Quiero relacionar este metal precioso y codiciado por muchos, con la integridad personal y del pueblo cristiano. La integridad está vinculada con la pureza y nobleza de las personas y éstas mejoran y son perfeccionadas por la nueva vida en Cristo.
2. Son hechas a golpe de martillo.
El martillo es usado manualmente, a golpes. Yo hubiera querido aliviar el proceso del trabajo usando otra forma de fabricación. Pero Dios tiene sus propios métodos. Forjar una trompeta de plata a golpes de martillo llevaba tiempo y dedicación.
Hoy veo que Dios tiene dos clases de martillo que usa para forjar buenas vidas íntegras:
a. El primer martillo es la Palabra de Dios.
Ella golpea fuerte hasta que emitamos buen sonido.
b. El segundo martillo que Dios utiliza es el de las pruebas.
Filipenses 1:29. Este duro martillo funciona para purificar el llamado a la adoración.

Conclusión

Las trompetas suenan para convocar al pueblo a reunión en el santuario. Nos hemos reunido para dedicar este lugar para que sea centro de adoración, lugar donde Dios se manifieste y podamos oír su voz. Dediquemos este lugar también como un testimonio de la presencia de Dios para toda esta comunidad y cuando pasen aquí y vean este lugar, sepan que aquí se reúnen personas que adoran y sirven a Dios de corazón.

Lemuel J. Larrosa

VASECTOMIA ESPIRITUAL
Juan 15:16

Introducción

Hoy, día de la constitución de esta iglesia, quiero hacer una comparación entre los fines del matrimonio y los de la iglesia.

Se dice que el matrimonio está en crisis, tristemente esa afirmación es una realidad.

Entre los fines del matrimonio encontramos:
— Reproducción.
— Compañerismo.
— Velar por el bienestar de los hijos.

La iglesia, como organismo vivo que es, tiene mucha similitud con el matrimonio.

I. DEBE VELAR POR LOS HIJOS DE DIOS

A. "Enseñándoles que guarden todas las cosas" (Mat. 28:20).
B. Capacitándolos para comer "vianda" (1 Cor. 3:2). Es bello ver un niño, tomarlo en brazos y jugar con él. Pero sería horrible que no creciera, que se quedase niño. Eso se consideraría un fenómeno, no es normal.

Las iglesias se llenan de personas que se mantienen en la infancia. Esta situación genera en la iglesia un sin fin de males. Además, eso es carnalidad, y "los que viven según la carne, no pueden agradar a Dios".
C. Guiándoles a la estatura de la plenitud de Cristo (Ef. 4:13).
D. Preparándoles a defender su fe (1 Ped. 3:15).

II. DEBE INCENTIVAR EL COMPAÑERISMO

A. Era nota relevante de la iglesia de Jerusalén (Hech. 2:44).
B. Era nota perceptible para los no creyentes: "teniendo favor con todo el pueblo" (Hech. 2:45-47).
C. Era y sigue siendo el anhelo de Dios (1 Juan 3:23).

III. DEBE SER REPRODUCTORA

A. Es el propósito de Dios (Juan 15:16).

Una de las funciones de todo ser vivo es reproducirse, y esa es función principal de la iglesia. En la medida en que lo hagamos estamos acercando la gloriosa segunda venida de Cristo (2 Ped. 3:9).

B. La vasectomía espiritual.

Ilustración: Llega el momento en que un matrimonio cree que ya es suficiente el número de hijos que tienen. ¡A partir de ahora no más hijos! El cónyuge se somete a una operación llamada vasectomía.

Desgraciadamente, muchas iglesias han hecho lo mismo. Muchos cristianos creen que ya no es necesaria la reproducción:
— "Los que tenemos son suficientes."
— "Hay que fortalecer el compañerismo."
— "Hay que velar por los hijos."

C. La razón de ser de la iglesia (1 Ped. 2:9).

"Para que anunciéis…"

Esta razón dejará de ser únicamente el día en que Jesucristo retorne a la tierra.

Conclusión

¿Hasta qué punto la iglesia, al igual que el matrimonio, está en crisis?

Se dice que la vasectomía física es irreversible; afortunadamente, la espiritual no.

Os invitamos a volver a ser un reproductor fértil.

Jorge Luis Cordero Rojas

EDIFICARE MI IGLESIA
Mateo 16:13-18

Objetivo

Establecer claramente que la iglesia fue fundada por el Señor, y la equipó para cumplir la tarea encomendada, hasta que él vuelva.

"Si todavía estoy vivo en el año 2000, como espero, tendré 74 años. En ese tiempo confío en poder dirigirme a un grupo de jóvenes ministros del Señor y decirles: 'Es emocionante sentir el poder y el impacto de una iglesia enormemente fuerte en la América de hoy. Algunos de vosotros nunca creeríais que en la década de 1960, y a principios de 1970, había líderes de iglesia que predecían su fallecimiento. Profetizaban lúgubremente: La iglesia del futuro se habrá retirado de los grandes edificios a nivel de vía pública, a pequeñas casas y pisos privados, formando grupitos en comunidad. ¡Qué equivocados estaban!'" Así principia Robert Schuller el primer capítulo de su libro: *Su iglesia tiene posibilidades*.

I. EDIFICO SU IGLESIA (Mat. 16:18)

A. Llama nuestra atención la declaración enfática del Señor: "Edificaré *mi* iglesia." El énfasis está en el adjetivo posesivo que no deja lugar para dudar de quién es la iglesia. Esta declaración reviste capital importancia, especialmente cuando las iglesias no crecen en todos sentidos; o cuando una iglesia se está constituyendo como tal, o cuando celebra su aniversario.

B. Es importante dejar bien claro que él, *la roca*, es el fundamento, y que nadie puede poner otro que el que está puesto, el cual es Jesucristo (1 Cor. 3:11).

C. Sobre ese fundamento puso a uno por uno, como piedras vivas (1 Pedro 2:5). Pedro y Andrés (Mat. 4:18), Jacobo y Juan (Mat. 4:21), Mateo (Mat. 9:9), así hasta completar doce. Después a otros setenta (Luc. 10:1), para el tiempo cercano al Pentecostés ya eran 120, sin contar a las mujeres y a los adolescentes.

D. Así fundó o edificó su iglesia. Hecho maravilloso que debemos considerar con entendimiento reverente y alegría de adoración, porque nos tuvo por dignos de hacernos parte de su iglesia, que es su cuerpo.

II. FORTALECIO A LA IGLESIA

A. La expresión fortaleció o fortificó, está dada en términos militares pero que encajan bien en la descripción de la iglesia. Antiguamente se buscaban partes altas alrededor de las ciudades, allí se construían fuertes de protección para defenderlas. Los ejércitos enemigos tenían que asaltar estas fortalezas antes de poder tomar la ciudad.

B. Jesús fortaleció a la iglesia con la *enseñanza* del reino de los cielos. Los enseñó a vivir el reino de los cielos aquí en la tierra. Por eso desde que empezó su ministerio predicaba: "El reino de los cielos se ha acercado" (Mat. 4:17).

C. La fortaleció con su ejemplo: "Porque ejemplo os he dado, para que como yo os he hecho, vosotros también hagáis" (Juan 13:15).

D. Fortaleció a la iglesia con su presencia. Los discípulos eran poderosos cuando él estaba con ellos. Cuando Jesús murió, se desanimaron y se desbandaron. Unos se fueron a pescar (Juan 21:2-3). Dos se iban a Emaús (Luc. 24:13), y así sucesivamente. Pero cuando lo vieron resucitado se reanimaron y cobraron fuerza.

E. Los fortaleció con la promesa y con el poder del Espíritu Santo (Juan 14:16-18; Hech. 1:8; 2:1). La iglesia estaba lista para seguir con el ministerio de Jesús en todo el mundo. La iglesia de hoy día tiene la misma fortaleza. Está fortificada y equipada para triunfar, porque es la iglesia de Cristo.

III. ENVIO A LA IGLESIA A CONQUISTAR AL MUNDO

A. Cuando su iglesia estuvo lista, no antes ni después, la envió a todas las naciones para hacer discípulos e incorporarlos a la fuerza victoriosa de la iglesia (Mat. 28:19; Hech. 1:8).

B. La necesidad es evidente en todo tiempo y lugar. Hacia donde miremos se repetirá la historia de necesidad y miseria espiritual.

C. La paciencia de Dios no se ha agotado. No quiero la muerte del impío (Eze. 18: 23, 32; 33:11).

D. La gracia de Dios, en Jesucristo, sigue buscando lo que está perdido (Luc. 19:10; Mat. 18:11). Todavía está a la puerta (Apoc. 3:20). La iglesia es la voz de Jesús, sus pies, sus manos, su corazón...

E. La iglesia jamás dejará de ser. Las puertas del infierno no prevalecerán contra ella. La iglesia está en *marcha de combate, no está atrincherada.*

Conclusión

1. Debemos estar seguros y felices de ser parte de la iglesia, porque él la fundó, la edificó. El es el fundamento que no será removido jamás. Y nadie puede poner otro fundamento.

2. Debemos estar seguros y confiados en que el Señor fortaleció y equipó a su iglesia con la enseñanza, su ejemplo, su presencia y con la dádiva del Espíritu Santo. Hoy en día contamos con los mismos elementos.

3. La iglesia fue enviada a todas las naciones para llevar la esperanza de gloria, el pan de vida, la gracia salvífica de nuestro Señor Jesucristo. Somos sus pies, su voz, sus manos, su corazón...

José S. Vélez D.

Dedicación de niños

UNA HERENCIA INEVITABLE
Exodo 20:5, 6

Introducción

1. Nuestros hermanos vienen hoy ante la iglesia particularmente para presentar a su hijito. Pero, ¿a quién lo presentan?
   a. Seguramente ya lo han presentado a sus amigos en el hospital o en casa.
   b. Ahora más formalmente a la iglesia, para que participe de esta alegría.
   c. Pero más concretamente al Señor, para decir: "Aquí está nuestro hijo. Señor, es tuyo, porque tú eres el dueño de todo y queremos que le bendigas."
2. Con este motivo acudimos de nuevo a la Palabra de Dios y nos fijamos en un texto que se halla en los Diez Mandamientos: "Yo soy Jehovah tu Dios...que castigo la maldad de los padres sobre los hijos, sobre la tercera y sobre la cuarta generación de los que me aborrecen. Pero muestro misericordia por mil, generaciones a los que me aman y guardan mis mandamientos."
3. Este texto produce una contradicción de sentimientos:
   a. Por un lado me espanta cuando dice que Dios visita la maldad hasta la tercera y cuarta generación. Me hace pensar en todos los pecados y errores que yo he cometido en mi vida. No es algo que sólo tiene consecuencias en mi propia existencia, sino que va más allá. Soy responsable de mi conducta no solamente en las consecuencias que pueda tener en mis años de vida, sino que puede sobrepasar este límite y llegar hasta la tercera y cuarta generación. Cala hasta nuestros huesos pensar que nuestros pecados puedan llegar tan lejos.
   b. Pero luego se recibe como una especie de alivio cuando dice: "Hago misericordia..." La misericordia de Dios se extiende de una manera infinita, a pesar de todo.

I. "VISITO LA MALDAD" (Yo represento a mi hijo y me presento en él)

   A. Es verdad que el texto puede presentar preguntas difíciles de contestar. Nos preguntamos cómo Dios puede visitar la maldad tan lejos. ¿Qué culpa tienen nuestros hijos?

B. Hemos de decir que la revelación de Dios es una conjunción de dos elementos:
   a. Aquella que viene directamente inspirando al hombre para que hable.
   b. La experiencia humana: lo que conocemos por la propia experiencia.

C. Pertenece a la experiencia humana; es un hecho fácilmente comprobable, que se transmiten las consecuencias de la maldad. La ciencia moderna demuestra que nuestros hijos tienen en su componente biológico muchos elementos que son los mismos que nosotros tenemos. Es la otra cara del poder creador que Dios nos ha concedido. Dios nos ha hecho a su imagen. El es Creador, crea el universo y otros seres. Con la imagen suya nos da la capacidad de crear, inventar, formar. Pero transmitimos lo que somos.

D. Hay cuatro vías por las que podemos transmitir nuestra maldad: Esto es algo solemne, que nos estremece, que nos hace recapacitar en el significado de nuestra vida. No digas: mi vida es mía y hago lo que quiero. Tu responsabilidad llega lejos y puedes ocasionar el mal de otros.
   1. La propensión.
      a. La tendencia que una persona tiene a hacer determinadas cosas que ha hecho su progenitor.
         (1) Uno que bebe y envenena su sangre, se hace alcohólico y sólo unas gotas de alcohol ya le trastornan. El hijo hereda una determinada propensión que hace más posible que llegue a ser alcohólico también.
         (2) Historia de una drogadicta que dio a luz un bebé. La niña tenía una desazón especial. El consumo de cocaína había creado un bebé que experimentaba el síndrome de abstención.
         (3) Pueden ser nuestros arrebatos de cólera.
         (4) Puede ser nuestra indulgencia.
      b. Cuando comprobamos esto oramos y confiamos: Señor, ten misericordia.
   2. Una vía biológica directa.
      a. Una persona lleva una vida alegre y despreocupada. Contrae una enfermedad como consecuencia. La transmite a sus hijos: sífilis, SIDA.
      b. Algunas veces no aparece en la generación siguiente, sino

en una tercera o cuarta. Por eso el médico te pregunta si
ha habido un caso en tu familia.
   e. ¿No es terrible? Es una realidad.
   ¿No dependemos de la misericordia de Dios?
3. Las consecuencias de nuestro comportamiento.
   a. Un hombre abandona a sus hijos, o una madre. No reciben
   alimento adecuado, no tienen una educación.
   b. O se emplea mal el dinero. En el juego o en otro vicio.
4. Por nuestro ejemplo.
   a. El concepto primario del bien y el mal se aprende en casa.
   b. Algunas veces nos enfadamos cuando los hijos hacen algo
   que no está bien. Cuando dan la vuelta, los padres nos
   miramos y recordamos: es lo mismo que hacíamos
   nosotros.
   c. Si somos brutales, ellos adquirirán hábitos de brutalidad.
   Si somos amables y compasivos, ellos recibirán nuestra
   herencia.
5. Cuando presento a mi hijo al mundo, me presento yo.
   a. De alguna manera ellos han recibido la herencia de
   nuestros pecados. Han recibido también nuestra imagen.
   Forman parte de nuestra naturaleza, queramos o no.
   b. A veces un padre aborrece a su hijo. Debido a sus características, quisiera quitárselo de en medio, no verlo más
   (Aunque parezca mentira, ocurre.)
   No se da cuenta de que es su propio pecado, él mismo, dentro de él. El pecado manifiesto.

II. HAGO MISERICORDIA (Dios presenta a su Hijo y se
presenta en él).

A. Gloria a Dios porque el texto no termina ahí. Dice que "él hace
misericordia". Se puede manifestar por encima de todos los
elementos de la herencia.
B. Vosotros presentáis a vuestro hijo. Pero Dios también presentó a
su Hijo un día. Allí también se representa su naturaleza. Una vez
se oyó una voz del cielo que dijo: "Este es mi Hijo amado..."
Una revelación de la naturaleza del que lo ha engendrado.
C. Igual que cuando vemos al hijo descubrimos la naturaleza del
padre, también cuando vemos a Jesús descubrimos la naturaleza
de Dios.
   1. Los hombres no habían entendido a Dios.
   2. Creían que él era ante todo poder y castigo.
   3. Que se revelaba en el rayo y el terremoto.

   4. Incluso queremos al Dios que aplaste a los enemigos.
   5. Jesús es sin pecado, como el mismo Dios.
   6. Refleja el amor de Dios. La gran misericordia que hay en el seno de Dios.
   D. Dependo de la misericordia de Dios. Sin ella no puedo detener las consecuencias de mis pecados.
   E. El hijo no es sólo presentado a la congregación, sino a Dios, como una confesión de nuestros propios pecados, para que el Señor tenga misericordia de él.

Conclusión

   1. El texto puede sugerir preguntas, pero es una realidad, no solamente la primera parte, sino también la segunda.
   2. El salva. Jesús ha venido para mostrar la misericordia de Dios para todos.

Sindulfo Díez-Torres

VOLVERNOS COMO NIÑOS
Marcos 9:33-37

Introducción

Cuando podemos tener un niño en los brazos, estamos recibiendo un gran mensaje de parte de Dios. El ya célebre himno "Porque él vive", nos dice algo de esto en su segunda estrofa ("Grato es tener a un tierno niño"); fue escrito por un matrimonio cristiano ante la emoción de tener un hijo, pero comprendiendo que hay una maravilla aún mayor, como es la de saberse amparado por los brazos divinos.

Los apóstoles hicieron en aquella ocasión una mala pregunta, que ponía al descubierto una de las grandes flaquezas del ser humano. En una u otra medida, todos reaccionamos de la misma manera, inclusive en la misma iglesia.

I. LA RESPUESTA DE JESUS

Leyendo el relato en otros Evangelios (Mat. 18:1-5; Luc. 9:46-48), notamos que los apóstoles pretendieron que el tema les preocupaba en cuanto al reino de los cielos, o sea quién será el mayor en la eternidad. La respuesta de Jesús fue muy profunda.
   A. La dividió en dos partes:
      1. Cómo entrar (porque sin eso, no sigue en pie la cuestión).

2. Recién entonces, cómo ser el primero o el mayor.
B. Así demostró que nuestra preocupación debe centrarse en la pregunta de cómo entrar al reino de los cielos. Eso nos exige dar dos pasos:
   1. "Volvernos", o sea dar un vuelco en la vida, un vuelco tan profundo como si pudiéramos ser una criatura; es lo que llamamos "conversión".
   2. Llegar a ser "como niños". A menudo se cita mal, como si el Señor hubiera dicho que debemos transformarnos en niños; él dijo "como niños".
C. Marcos 10:15 subraya que "el que no recibe el reino de Dios como un niño no entrará en él".

III. COMO ES UN NIÑO

Hay que pensar en lo que Cristo quiso decir entonces. Aquel era pequeñito (lo pudo tomar en brazos), pero no un bebé (porque "le atrajo", caminó).
A. Lo que Jesús subrayó es la humildad del niño (Mat. 18:4; Mar. 9:35): no "quiere ser el primero".
   1. Reconoce la autoridad del que sabe (padre, maestro).
   2. Para nosotros, es Cristo.
B. No tiene experiencias previas: no habla de ellas.
C. Sabe que tiene que crecer.
D. Es inocente: no es responsable de lo que hace mal, porque no lo hace por una decisión voluntaria (ej. bebé que despierta al padre).
E. Recibe con espontaneidad y gratitud.

III. QUE ES RECIBIR COMO NIÑO

A. Recibimos de Cristo, que fue niño (identificado con ellos) y los amó.
B. Tiene poder para transformarnos para ser como niños.
C. Hizo todo lo necesario para que podamos cambiar.
   1. ¿Qué no haríamos por un hijo? Y somos hijos de Dios.
   2. Ese amor es lo que mostró en la cruz.

Conclusión

Jesús nos dio un ejemplo, siendo inocente de todo pecado, pues "como cordero fue llevado al matadero".

Arnoldo Cancilni

DEJEN QUE LOS NIÑOS VENGAN A MI
Mateo 19:13-15

Introducción

Esto no es un sacramento, no se obtiene gracia por medio de esta ceremonia, para el niño ni para los padres. Es un acto de compromiso de los padres por educar a su niño en los caminos del Señor. Es, al mismo tiempo, un momento oportuno para que pensemos en los desafíos que los niños nos presentan.

Los niños siguen siendo uno de los grupos menos atendidos por la sociedad. Aunque muchas cosas se dicen, en la práctica el niño sigue siendo un ser humano de segunda categoría.

El Evangelio de Mateo presenta en todo el capítulo 19 la visión de Jesús en favor de los marginados de la sociedad: las mujeres, los niños y la actitud hacia la riqueza.

Veamos tres aspectos relacionados con los niños y Jesús.

I. JESUS SE INTERESA POR LOS NIÑOS

A. Situación del niño en el primer siglo.
1. El varón. Era por lo general bien estimado, mucho más si era el primogénito. Era enseñado en la ley, pero no gozaba de ningún derecho, salvo el que querían darle sus padres.
2. La niña. Era considerada inferior. Su educación era enfocada hacia las tareas del hogar.
3. Fuera de la sociedad judía. Casi no contaba con derechos, los padres podían disponer de él como quisieran.
B. Preocupación de Jesús.
1. Los niños necesitaban del contacto de Jesús.
2. Jesús necesitaba orar por ellos.
3. "Venir a él", no era solamente ir para que oren por ellos, sino para estar con él. Sin duda Jesús les dio mucho de su tiempo, no solamente una oración.

II. LOS NIÑOS NO DEBEN SER MENOSPRECIADOS

A. Actitud de los discípulos. Desprecio a lo que es un niño, pensando que Jesús tenía otras prioridades. Los niños están en segundo lugar.
B. Actitud de la sociedad. Los niños sirven en cuanto son instrumentos para tener alguna ventaja. No hay interés genuino.
C. Actitud de las iglesias. La responsabilidad se limita, en el mejor de los casos, a dar algún tipo de instrucción, es muy raro ver una

educación centrada en los niños. Son considerados como estorbo para los planes del adulto. No hay verdadero interés.
D. Imitemos a Jesús. Tengamos un interés genuino tal como lo tuvo Jesús por los más débiles.

III. LOS NIÑOS SON UN EJEMPLO PARA NOSOTROS

A. Un ejemplo de humildad. Estemos dispuestos a humillarnos como lo hace un niño.
B. Un ejemplo de sinceridad. Lleguemos a Jesús sin prejuicios.
C. Un ejemplo de compromiso. Los niños se entregan a las tareas con todas sus fuerzas. Comprometámonos sin reservas.

Conclusión

La presentación de un niño debe ser un momento para renovar nuestro compromiso de seguir el ejemplo de Jesús en su preocupación por ellos, estar conscientes de que muchas veces los niños son marginados por nuestra actitud y que los niños tienen muchas cosas para enseñarnos. Comprometámonos para luchar en nuestra sociedad y darle al niño el lugar que debe tener.

Juan Carlos Cevallos A.

DEDICACION DE NIÑOS:
Un enfoque cristiano
1 Samuel 1:28

Objetivo:
Demostrar que el acto de presentación o dedicación de un hijo es un compromiso o juramento de los padres, ante Dios y ante la iglesia.

Introducción
—Niño, muy niño, en mi inocencia pía
la simiente de Dios brotó en mi pecho,
y a Dios casi llorando
le pedía paz en mi sueño sobre el blando lecho.
Ella, mi único amor, la madre mía,
cuando bramaba el temporal desecho,
también oraba con afán prolijo
a Dios pidiendo por su débil hijo.

"La fe de la infancia", de Manuel Gutiérrez Nájera

I. LA PRACTICA ISRAELITA

A. Para los israelitas esta práctica estaba reglamentada y principiaba por la circuncisión. A los ocho días de nacido el bebé debía ser cincuncidado (Gén. 17:12).

B. A los cuarenta días, cuando se cumplían los días para la purificación de la mujer, tenía que subir la familia al templo para la presentación de la madre y del niño (Lev. 12:1-8 1 S. 1:21).

C. La presentación cubría dos aspectos: 1) La madre ofrecía dos ofrendas, un cordero para el holocausto, y un palomino para expiación. De esta manera era declarada limpia (Lev. 12:1-8). La presentación del niño era para fines estadísticos.

D. Los primogénitos eran dedicados a Dios, para su servicio (Exo. 13:2). Posteriormente los levitas tomaron este lugar (Núm. 3:12).

E. Jesús fue circuncidado a los ocho días (Luc. 2:21), María y José subieron con el niño al templo para presentarle al Señor, como está escrito en la ley (Lev. 12:2-8).

II. LOS HIJOS SON HERENCIA DE DIOS (Salmo 127:3-5)

A. La declaración es en reconocimiento de que la vida procede de Dios. Una heredad es un legado, un regalo, al que tenemos derecho por ser creados a la imagen de Dios.

B. Pero la herencia exige responsabilidad porque: "Cosa de estima es el fruto del vientre" (3). Eso quiere decir que no se deben tener hijos sin desearlos, sin amarlos y sin proveer para ellos lo necesario. Es cosa de estima a los ojos de Dios; por lo que él reclamará a cada uno cómo los engendra y cómo los cría

C. Escuché un programa de radio en el que participaban personas que habían formado una institución calificada para ayudar a niños maltratados en el seno familiar, ya sea aconsejando a la familia o jurídicamente. Niños de diferentes edades llamaron por teléfono exponiendo sus casos. Verdaderamente era increíble lo que se escuchaba. Castigos increíbles que sólo una mente torcida puede imaginar para sus hijos.

D. Una niña, de escasos 12 años, se quejó de que su propio padre la violó, con el consentimiento de la madre. Otra, de edad similar, informó que su padre la vendió varias veces a sus amigos para obtener dinero para sus vicios; ahora está embarazada y, por supuesto, desesperada. Esto sólo es una muestra de la infinidad de casos de mi ciudad, y cuando pienso en el mundo...

E. Desde el punto de vista cristiano, los hijos son un regalo de Dios, tal como lo dice el salmista.

III. LA PRESENTACION ANTE DIOS Y LA IGLESIA

A. La práctica generalizada de la presentación de un niño consiste en venir a un culto de la iglesia, presentarse los padres y el niño, el pastor hace una oración y lee unos versículos de la Biblia en tanto que la congregación está en pie. Después de esto nada pasa, y hasta es posible que no veamos a los padres en el templo por algún tiempo. Algo anda mal.

B. La presentación de los padres y del hijo ante el Señor y ante la iglesia, es un compromiso hecho ante Dios. Ambos padres se comprometen a que, en la medida en que la mente del niño se va desarroyando, en esa misma medida le irán enseñando al hijo el temor de Dios.

C. Es un compromiso ante Dios de que no pasará un solo domingo sin que vengan padre, madre e hijos a la casa de Dios; para aprender y edificarse espiritualmente.

D. Es un compromiso ante la iglesia —el cuerpo del Señor— y a quien ponen por testigo de que cumplirán su palabra al pie de la letra.

E. Los padres se comprometen a enseñar a sus hijos la Palabra de Dios todos los días, tal como se pide en Deuteronomio 6:5-9 y 11:18-21. Si amamos a nuestros hijos les enseñaremos los mandamientos de Dios para que los guarden y los pongan por obra, a fin de que les vaya bien y sean prosperados.

Conclusión

1. La práctica de la presentación o dedicación de un hijo está tomada, por el pueblo cristiano, de la práctica reglamentada del pueblo de Dios en el Antiguo Testamento.

2. Reconocemos con el salmista que los hijos son herencia de Dios, y que el fruto del vientre es cosa de mucha estima a los ojos de Dios y nuestros.

3. La presentación de un hijo debe ser un compromiso con el Señor para enseñarles el temor de Dios y la palabra de vida que guíe y norme su conducta. Y compromiso de darles ejemplo de fidelidad, trayéndolos al templo cada semana.

José S. Vélez D.

COMO LLEGAR A SER UN HOMBRE QUE DIOS USA
Hechos 4

Introducción

Muchos empiezan muy bien la vida cristiana y aun el ministerio. El problema es que muchos también, a través del tiempo y por varios factores, se desaniman. Luego se conforman a una vida mediocre u ordinaria. En días peligrosos como estos (2 Tim. 3:1-5) la iglesia y el mundo necesitan hombres extraordinarios. El hombre que Dios utiliza:

I. DESCUBRE PRONTO EL SECRETO

En respuesta a la pregunta de parte de los líderes religiosos: "¿Con qué potestad, o en qué nombre, habéis hecho vosotros esto?" (4:7), *ellos presentan a Cristo.*

  A. Presentan a Cristo como el tema de su confesión: "sea notorio a todos vosotros, y a todo el pueblo de Israel que *en el nombre de Jesucristo...* (v. 10).

    1. Esta confesión es audaz.

      Una comunión íntima *con Cristo* (Juan 15:1-16) basada en una convicción bíblica *por Cristo* consigue una confesión audaz *de Cristo.* "Entonces Pedro, lleno del Espíritu Santo, les dijo: ...en el nombre de Jesucristo... a quien vosotros crucificasteis... por él este hombre está en vuestra presencia sano" (vv. 8, 10).

    2. Esta confesión es fiel.

      "Este Jesús es... y en ningún otro hay salvación..." (vv. 11, 12). (Juan 14:6; 1 Tim. 2:3-6).

  B. Presentan a Cristo como la firmeza de su convicción. "se maravillaban" (v. 13).

    1. Esto causa asombro...

      a. Al ver "el denuedo de Pedro y de Juan", a pesar de toda la oposición.

      b. "Sabiendo que eran hombres sin letras," o sin el estudio como el de los escribas de esos tiempos.

      c. "Y del vulgo", o sea hombres comunes, sin posesión importante según ellos.

    2. Nota especial: "El hombre mira lo que está delante de

sus ojos, pero Jehová mira el corazón" (1 Sam. 16:7). "Porque los ojos de Jehová recorren toda la tierra para fortalecer a los que tienen un corazón íntegro para con él" (2 Crón. 16:9).

C. Presentan a Cristo como la sustancia de su comunión. "Y reconocían que habían estado con Jesús" (v. 13). Antes de que uno pueda ser usado en manera especial por un Dios grande y poderoso debemos cultivar nuestra comunión con él. Esta sustancia le da firmeza a nuestra convicción lo cual nos lleva a la confesión audaz y fiel: "Separados de mí, nada podéis hacer" (Juan 15:5).

II. DISCIERNE BIEN LAS SEÑALES (4:19, 20)

A. Observa y da crédito al Señor por los *eventos milagrosos*.
1. El Señor Jesucristo debe recibir toda gloria por cualquier "señal manifiesta" (v. 16), "por él (Cristo) este hombre está en vuestra presencia sano" (v. 10).
2. El mismo Dios que exalta al hombre por su humildad, lo resiste por su orgullo (1 Ped. 5:5, 6).
3. El hombre sabio y santo da gloria a Cristo. "Juzgad vosotros si es justo delante de Dios obedecer a vosotros antes que a Dios" (v. 19).

B. Observa y es retado por los efectos visibles.
1. Continúa hablando de Cristo a pesar de la oposición (vv. 19, 20).
2. Continúa confiando en Cristo en vista del poder de Dios. "Pero muchos de los que habían oído la palabra creyeron..." (v. 4). (Romanos 1:16.)
3. Continúa sirviendo a Cristo por los resultados entre la gente. "porque todos glorificaban a Dios por lo que había acontecido" (v. 21).

III. DETERMINA CON ENTENDIMIENTO SU PLAN

A. Determina vivir con la llenura del Espíritu Santo. "Cuando acabaron de orar, el lugar donde estaban reunidos tembló; y todos fueron llenos del Espíritu Santo" (v. 31).
1. La llenura del Espíritu Santo implica la posesión o el control por él mismo.
   a. Se requiere para saborear y enseñar el fruto del Espíritu (Gál. 5:22, 23).
   b. También se necesita para proclamar o confesar con valor y fidelidad (Hechos 2:4; 4:8).

2. La llenura nos lleva a ministrar en el nombre del Señor, pero también a la manera o en el poder del Señor. Mucha de nuestra actividad puede ser en la carne en vez de en el Espíritu. Por esa razón no permanece (1 Cor. 3:12, 13).

B. Determina vivir en la libertad del Espíritu (v. 31). Libertad para:
1. Para hablar la Palabra de Dios (v. 31).
2. Para disfrutar de la unidad de Dios (v. 32).
3. Para manifestar la gracia de Dios (v. 33).
4. Para dar o compartir con el pueblo (vv. 34-37).

Conclusión

La iglesia es de Cristo. Está compuesta de personas compradas por su sangre. Cristo escoge usar hombres y mujeres ordinarios (v. 13), en maneras extraordinarias, en cuanto descubran que él es el secreto, la clave para todo; que al ver acontecer lo maravilloso y glorioso puedan discernir que es por él, y para él, y en él; y que con entendimiento determina su plan de acción. Lo que permanece es lo que se realiza en el Espíritu. Decida hoy que usted será un hombre que el poderoso Dios usará en gran manera.

Richard F. Vera

EL MINISTRO Y SU VOCACION
1 Timoteo 4:14-16

Introducción

1. Dios busca hombres que vayan a la zarza ardiente, y vuelvan con un corazón ardiente, para predicar un mensaje ardiente para arrebatar al perdido del infierno ardiente.
2. El ministerio es una vocación que no se escoge sino se acepta. Dios es el que escoge, el llama al que acepta.
3. El ministerio es la vocación más alta que el hombre puede ejercer. Al evangelista Billy Graham se le preguntó si consideraría ser nominado para la presidencia de la república, a lo cual él contestó: "¿Por qué aceptar la presidencia cuando ya ejerzo la vocación más alta del mundo?"
4. El ministro quizá no tenga nada, pero lo tiene todo. Consideremos lo siguiente:

I. SU POSESION

A. Promoción: "¿Qué pues, tendremos?", "Os sentaréis sobre doce tronos" (Mat. 19:27, 28).
B. Participación: "...para juzgar a las doce tribus de Israel" (Mat. 19:28).
C. Proliferación: "Cien veces más" (Mat. 19:29a).
D. Predestinación: "La vida eterna" (Mat. 19:29b).
E. Porción: "El sentaros a mi derecha y a mi izquierda no es mío darlo, sino a aquellos para quienes está preparado por mi Padre" (Mat. 20:23).

II. SU PENDON

A. Preparación: "Procura con diligencia presentarte a Dios aprobado, como obrero que no tiene de qué avergonzarse, que traza bien la palabra de verdad" (2 Tim. 2:15).
B. Proclamación:
   1. "...que prediques la Palabra, que instes a tiempo y fuera de tiempo" (2 Tim. 4:2).
   2. "No nos predicamos a nosotros mismos, sino a Jesucristo como Señor" (2 Cor. 4:5).
C. Presentación: "No te avergüences de dar testimonio de nuestro Señor..." (2 Tim. 1:8).
D. Preocupación: "Ahora bien, se requiere de los administradores, que cada uno sea hallado fiel" (1 Cor. 4:2).

III. SU POSICION

A. Pasión:
   1. "El amor de Cristo nos constriñe" (2 Cor. 5:14).
   2. "No te avergüences de dar testimonio de nuestro Señor..." (2 Tim. 1:8).
B. Precaución:
   1. "Ten cuidado de ti mismo y de la doctrina" (1 Tim. 4:16).
   2. Aviva "el fuego del don de Dios que está en ti por la imposición de mis manos" (2 Tim. 1:6b).
   3. "No descuides el don que hay en ti, que te fue dado mediante profecía con la imposición de las manos del presbiterio" (1 Tim. 4:14).
C. Continuación:
   1. "Prosigo a la meta, al premio del supremo llamamiento de Dios en Cristo Jesús" (Fil. 3:14).

2. "Soy deudor... pronto estoy... No me avergüenzo" (Rom. 1:14-16).

D. Promoción: "Nuestra ciudadanía está en los cielos, de donde también esperamos al Salvador, al Señor Jesucristo; el cual transformará el cuerpo de la humillación nuestra, para que sea semejante al cuerpo de la gloria suya, por el poder con el cual puede también sujetar a sí mismo todas las cosas" (Fil. 3:20, 21).

E. Purificación: "Sed santos, porque yo soy santo" (1 Ped. 1:16).

F. Preordenación: "...el sentaros a mi derecha y a mi izquierda, no es mío darlo, sino a aquellos para quienes está preparado por mi Padre" (Mat. 20:23).

G. Provisión:
   1. "Digno es el obrero de su salario" (1 Tim. 5:18b).
   2. "Echando toda vuestra ansiedad sobre él, porque él tiene cuidado de vosotros" (1 Ped. 5:7).
   3. "Así también ordenó el Señor a los que anuncian el evangelio, que vivan del evangelio" (1 Cor. 9:14, vea también el v. 15).

Conclusión

1. El Señor espera persistencia, consistencia y dependencia en él al servirle. Vendrán problemas pero hay que seguir a pesar de todo.

2. Cuando los discípulos no sacaban peces, el Señor les instruyó y enseguida fueron victoriosos. Se nos enseña a ser fieles, a pesar del fracaso, de la fatiga, de la frustración y del fastidio.

3. No es lo que tenemos sino lo que usamos;
   No lo que vemos sino lo que escogemos;
   No son las cosas que maldicen o bendicen
   El total de la felicidad humana.

   No las cosas lejanas, sino las cercanas;
   No lo que parecemos ser sino lo que somos;
   Estas son las cosas que hacen o deshacen
   Que le dan al alma su gozo o su dolor.

   No lo que recibimos sino lo que repartimos;
   No como oramos sino como vivimos;
   Estas son las cosas que se convierten en paz,
   Ahora y por la eternidad.

Rudy A. Hernández

UN BUEN PASTOR, UNA BUENA IGLESIA

Introducción

La ordenación pastoral tiene su antecedente en la consagración de sacerdotes y reyes en el Antiguo Testamento. A través de ella los líderes asumían ciertas responsabilidades oficiales y sus comunidades decidían someterse a su liderazgo.

La ordenación pastoral es una consagración que hace la iglesia local de su pastor. En esta consagración se está reconociendo un compromiso formal que asumen las dos partes.

Por medio de hacer un estudio en el Nuevo Testamento, hoy podremos llegar a comprometernos como pastor y como congregación en lo que Dios nos ha ordenado.

I. EL PASTOR QUE UNA IGLESIA NECESITA

A. Cumple con ciertos requisitos (1 Tim. 3:1-7).
   1. De orden general. Los requisitos para un pastor son los mismos que se demandan de todo creyente, pero deben sobresalir en un buen pastor.
   2. De orden personal. Sobrio, vigilante, prudente, ordenado, apto para enseñar, que no cause conflictos, hospedador, maduro en la fe, de buen testimonio
   3. De orden hogareño. Que guíe bien su casa. Responsable con su esposa. Con familia creyente.
B. Cumple sus responsabilidades.
   1. Buen administrador (1 Tim. 5:17).
   2. Cuidadoso de los miembros (Sal. 23). Provee alimentos para su iglesia, les protege, les amonesta.
   3. Cumple su tarea educativa (Tito 1:9). Su oficio es pastor-maestro (Ef. 4:12).
C. Cumple su llamamiento.
   No responde a intereses personales, sino a un mandato de Dios (1 Cor. 9:16).

II. LA IGLESIA QUE UN PASTOR NECESITA

A. La iglesia tiene responsabilidades personales (1 Tes. 5:12, 13).
   1. Debe reconocer a su pastor que trabaja arduamente. Esto es colocarle en el lugar que se merece.
   2. Debe estimarle para que trabaje más. Debe "pastorear" a su pastor animándole en su trabajo.
   3. Debe amonestarle cuando se equivoque (1 Tim. 5:19, 20). No

debe ser apresurada. Tiene como propósito el restablecerle a su ministerio pastoral.
B. La iglesia tiene responsabilidades morales (Heb. 13:7, 17, 24).
  1. Debe ser agradecida con el trabajo pastoral.
  2. Se debe sujetar al pastor. El propósito es que haga su trabajo con alegría.
  3. Se debe estimar al pastor.
C. La iglesia tiene responsabilidades económicas.
  1. El principio (1 Cor. 9:9-11).
    El trabajo pastoral debe ser reconocido en lo material.
  2. La aplicación (1 Tim. 5:17, 18).
    a. Honor en este contexto se refiere a lo material.
    b. No trabaja por lo que le pagan, trabaja porque Dios le ordena hacerlo.
    c. Debe recibir todo lo bueno (Gál. 6:6).

Conclusión

Una ceremonia de ordenación puede perder su significado si no existe un compromiso formal y delante de Dios de las dos partes. El que impone las manos se compromete con el que es impuesto y viceversa. La consagración de un pastor debe conducir a una consagración a Dios que se ve en una consagración al prójimo.

Juan Carlos Cevallos A.

"TE ENCARGO MUCHO QUE..."
2 Timoteo 4:1-8

Introducción

Pablo, un pastor veterano y sabio, cerca ya de su partida, tiene en su corazón la preocupación por los jóvenes pastores, y del tesoro de su experiencia saca consejo para Timoteo.

Es cierto que cada cual tiene que aprender por su propia experiencia, pero haremos bien en escuchar a aquellos que tienen algo provechoso que decirnos, en base de su probado llamamiento, comunión con Dios y experiencia ministerial.

Pablo le dice a Timoteo, entre otras cosas: "Te encargo..."

I. QUE CUIDES DE TI MISMO

A. Cuida de tu propio bienestar.

B. El Apóstol empieza diciéndole en el versículo 5: "Pero tú...", y sigue compartiendo con Timoteo algunos aspectos involucrados en el ser pastor.

C. La primera frase del versículo 5 la traducen ligeramente diferente distintas versiones: "Sé sobrio en todo"; "Sé prudente en todo"; "Sé circunspecto"; "Tú conserva siempre el buen juicio". En cualquier caso, está implícito el tener cuidado de uno mismo. Tiene el sentido del atleta que tiene bajo control todos sus apetitos y pasiones.

D. En Gálatas 6:9 Pablo recomienda que "no nos cansemos" de hacer el bien. La expresión moderna sería "no quemarse", no agotarse. Podemos dar tanto de nosotros mismos que lleguemos a agotarnos física, espiritual y emocionalmente. El consejo de Pablo es ser siempre sobrios, prudentes, juiciosos, circunspectos. Ilustración: Algunas personas que cuidan enfermos llegan a entregarse tanto al cuidado de sus amados, y los enfermos pueden llegar a ser tan demandantes, que la persona queda agotada y enferma ella misma. A veces se han dado casos de que los enfermos enterraron literalmente a los sanos.

II. QUE CUIDES DE LA IGLESIA

A. Además de cuidar de ti mismo, para que así puedas tener un ministerio estable y duradero, cuida también de la congregación. Al fin y al cabo, a eso te llamó el Señor y para eso te pagan.

B. Esa es tu tarea y debes cumplirla, y cumplirla bien. Hay que entregarse a la tarea con la misma puntualidad y sentido de responsabilidad que el obrero que tiene que marcar tarjeta de un reloj y tiene cerca al supervisor que le observa.

C. Que cuando te vayas la congregación lo lamente porque sienta que pierde a un buen obrero y a un buen amigo. Desafortunadamente no todos los ministros tienen esa esperiencia.

D. En el versículo 2 Pablo nos da un resumen de las tareas de un pastor, que abarcan desde predicar y enseñar hasta la administración, el cuidado pastoral y el manejo de conflictos.

III. QUE CUIDES DE TU COMUNION CON EL SEÑOR

A. Y por último, cuida de tu vida espiritual, cuida de tu relación con el Señor.

B. Los versículos 6-8 nos ayudan a percibir la calidad de la relación de Pablo con su Señor. Se siente que era intensa y profunda.

C. La manera en que leas la Palabra, ores, sirvas, cuides, ames, des, son todos aspectos que hablarán de tu comunión con Dios. Nunca podemos dar lo que no tenemos y la fuente de abastecimiento del pastor está en beber de la fuente que es Cristo. Al final siempre se nota, de una u otra manera, si bebemos o no.

Conclusión

"Cumple tu ministerio", le dijo Pablo a Timoteo.

Esa es una experiencia continua y progresiva. El apóstol confiesa en Filipenses 3:12: "Prosigo para ver si logro asir aquello para lo cual fui también asido (buscado-llamado) por Cristo Jesús."

Ilustración para el primer punto:

Un veterano pastor dijo que repartía su tiempo diario de la siguiente manera: "Tres horas para estudiar, tres horas para visitar, tres horas para aconsejar, tres horas para la familia, dos horas de relaciones públicas, dos horas de tarea administrativa, ocho horas para dormir y una hora para hacer ejercicio físico, lo que hace un total de 25 horas al día. Así que —agregó con humor— me tengo que levantar una hora más temprano para poder hacerlo todo."

José Luis Martínez

Instalación de pastores

CARGO A LA IGLESIA
1 Tesalonicenses 5:12-14, 17

Introducción

Este es un momento especial en la vida de esta iglesia y de este pastor. Se unen en una relación mutua muy especial. Como en una ceremonia de boda, el pastor contrae serias obligaciones para con la iglesia, pero la congregación también las tiene para con su pastor.

El apóstol Pablo, pastor sabio y veterano, inspirado por Dios, nos da la base bíblica sobre las responsabilidades de la iglesia para con el pastor.

I. RECONOZCANLE COMO UN LIDER ESPIRITUAL

"Os presiden en el Señor" (12).

A. El no viene a esta iglesia como "jefe" o "patrón", sino como vuestro líder espiritual.

B. El no se nombró a sí mismo pastor, ni siquiera lo es porque haya estudiado en el seminario o una iglesia lo ordenara al ministerio, sino porque ha sido llamado por su Señor (Juan 15:16).
Pablo decía: "Sino que prosigo, para ver si logro asir aquello *para lo cual fui también asido por Cristo Jesús."* (Fil. 3:12b).
Esta iglesia lo llamó a ministrar aquí, y aquí estará por unos años o todo el resto de su vida, pero fue el Señor quien lo llamó a ser "siervo de Jesucristo".

II. APOYENLE SIN RESERVAS

"A los que trabajan entre vosotros" (12).

A. El es el líder espiritual que viene a *trabajar* entre vosotros. El término "trabajar" siempre tiene un sentido fuerte y exigente.

B. Ser líder espiritual es una tarea emocionante y desafiante, pero también es difícil y agotadora. Exige disciplina y dedicación.

C. El va a dar todo lo que tiene: Talento, conocimiento, energía, tiempo, amor. Pongan ustedes también gozosamente su parte.
Quiten de su mente que le pagan para que él haga la tarea, y que ustedes sólo están para mirar y disfrutar.

D. Apóyenlo con su asistencia, oración, ofrenda y su participación y esfuerzos personales.

E. En el versículo 14 se nos dicen cuatro cosas que el líder va a hacer y ninguna de ellas es fácil.

1. Amonestar a los ociosos. A los indisciplinados.
2. Alentar a los de poco ánimo. Muchas cosas en la vida nos desalientan, pero el líder está para alimentar la llama, no apagarla.
3. Sostener a los débiles. Recordemos cómo Jesús sostuvo a Pedro cuando Satanás lo zarandeó. Recordemos cómo Bernabé ayudó a Juan Marcos en todo momento.
4. Ser paciente para con todos. No perder la paciencia es una prueba agotadora.

F. Esta va a ser parte de la tarea del pastor, pero ustedes tienen que hacer la suya. El cuerpo es uno, pero tiene muchos miembros y cada miembro tiene su función. Pablo recomienda muy especialmente: "Tened paz entre vosotros" (13b).

III. HAGANLE PARTICIPE DE SU AMOR Y AMISTAD

"Entre vosotros" (12).

A. El y su familia van a estar *entre* ustedes, háganles una parte de ustedes.
B. Ser líder y pastor de una iglesia, y ser familia de pastor, puede traer mucha soledad. Hagan de ellos una parte querida de sus hogares y familia.
C. ¡Qué agradecimiento tan grande sienten los pastores y sus familias por aquellas personas que desde el principio les brindan amistad sincera y fiel! ¡Son un oasis en medio de las luchas y frustraciones del ministerio!
D. No olviden nunca a la esposa y los hijos, ellos también están "entre vosotros".

IV. RODEENLO DE ESTIMA Y AMOR INCONDICIONAL

"Por causa de su obra" (13).

A. Les voy a decir un secreto: Este pastor no es perfecto. ¡Qué gran sorpresa si lo fuera!
B. Hechos 10:24-26 nos cuenta que cuando Pedro entró en la casa de Cornelio, éste se echó a sus pies. Pedro le pidió que se levantara "porque yo también soy hombre".
   Qué importante es recordar que él (su pastor) también es hombre. Ustedes no son ángeles ni él tampoco. Todos necesitamos el amor y misericordia de Dios.
C. El pastor también necesita el amor incondicional de la congregación. Y para una buena definición de lo que es amor, lean 1 Corintios 13:4-8.

V. SOSTENGALO CON SUS ORACIONES
"Orad sin cesar" (17).

A. Es lo que toda iglesia debe hacer, pero si no es así, un grupo de hermanos pueden formar un cículo de oración y de apoyo a la persona y ministerio del pastor. Especialmente, un grupo de líderes, hombres y mujeres.

B. Una de las actividades más preciosas de la vida cristiana, personal y como iglesia, es la de perseverar en la comunión en oración. Si además, está motivada para sostener al pastor, como Aarón y Ur sostenían los brazos de Moisés en la guerra con Amalec, habrá para la iglesia bendición y victoria segura (Ex. 17:8-12).

Conclusión

Esta ocasión tan especial es un nuevo capítulo en la vida y ministerio de esta iglesia y este pastor. Puede ser el mejor capítulo de sus vidas.

Les ruego en el nombre del Señor que:

1. Le reconozcan y le respeten como su líder espiritual, llamado al ministerio por su Señor.
2. Le apoyen activamente en su trabajo, cumpliendo ustedes con su parte.
3. Abran para él y su familia sus corazones y hogares.
4. Le rodeen de amor incondicional.
5. Le sostengan con sus oraciones.

Entonces se cumplirá en ustedes lo que Pablo desea para los tesalonicenses, en 5:23, 24. Amén.

José Luis Martínez

INSTALACION DE UN PASTOR
(Mensaje de responsabilidad a la iglesia)
1 Tesalonicenses 5:12, 13

Introducción

No me encanta mucho hacer esta parte. Quizá es preferible que la tenga un líder laico. Los pastores, al igual que los padres, prefieren hablar más de sus deberes y no de los deberes de los miembros.

Ya que estamos "embarcados", sigamos adelante.

I. DOS CONCEPTOS DE "IGLESIA" Y "MINISTERIO"

A. Para poder hablar de responsabilidades cristianas, y especialmente de las que corresponden a la relación iglesia-pastor, es bueno tener en mente los dos conceptos que prevalecen en nuestro medio acerca de la "iglesia" y "el ministerio".
Nos permitirá ver mejor el marco bíblico de relaciones y deberes de iglesia-pastor.

B. Iglesia-institución, con sus formidables pilares de sacramentos, sacerdocio y jerarquía.
   1. Este concepto lo cree y practica muy especialmente la Iglesia Católica Romana.
   2. En base de este concepto se considera a sí misma depositaria de la verdad y administradora de la salvación.
   3. En este sistema al sacerdote se le conceden las "órdenes sagradas" que tienen el valor de "sacramento", esto es, que imprime carácter.
   4. Esto le capacita para
      a. Celebrar la misa y ministrar en la Eucaristía, consagrando el pan y el vino como cuerpo y sangre de Jesucristo.
      b. Oír la confesión de pecados y dar la absolución.
      c. Aplicar el sacramento de la Extremaunción y equipar así para la muerte y el cielo.
      d. Celebración de misas a favor de las ánimas del purgatorio.

C. Para hacerlo más efectivo, la Iglesia Católica Romana demanda, allí donde es mayoría, reconocimientos especiales en la sociedad civil.

D. La consecuencia lógica de este concepto de iglesia-institución, son:
   1. Sacerdocio sólidamente organizado.
   2. Respetado porque los fieles dependen de ellos para la administración de los sacramentos.
   3. Fuertemente protegido por la autoridad eclesiástica y por leyes y tradiciones.
   4. Sostenido frecuentemente por los fondos del Tesoro público.
      Esta es una forma de entender a la iglesia y al ministerio, con sus deberes. Frente a esto está el concepto bíblico que viven y practican las iglesias Neotestamentarias.

E. Iglesia-congregación
   1. Enfatiza la respuesta y relación personal con Cristo.
   2. Tiene mínimas formas eclesiásticas.
   3. Promueve la participación de los fieles en el gobierno y en la administración de la iglesia.

4. Insiste en la obediencia a la Palabra y actuar conforme al Espíritu de Cristo.
5. Elige a su pastor y se responsabiliza de sus necesidades.
F. En una ocasión un grupo de estudiantes me preguntó: "¿Cómo se gobierna una iglesia evangélica y cuál es la autoridad del pastor? ¿Tienen ustedes algo parecido al Código de Derecho Canónico (que es el conjunto de leyes, normas y preceptos que gobierna a la Iglesia Católica)?"
Me quedé pensando y me dije a mí mismo: "El gobierno de una iglesia evangélica es un auténtico milagro de Dios. Es el milagro de Cristo viviendo en los corazones de los creyentes."
1. Nuestra cabeza es Cristo.
2. Nuestro Derecho Canónico es su voluntad expresada en los Evangelios y epístolas.
3. Vivimos confiando que los creyentes vivan como es digno del evangelio.
4. Hay normas y disciplina que aplica la congregación, no el pastor.
En el contexto de iglesia-congregación, ¿cuál es la función y autoridad del pastor? ¿Cuáles son los deberes de la iglesia para con su pastor?

II. DEBERES DE LA IGLESIA PARA CON SU PASTOR

A. El pastor evangélico no tiene:
1. Ningún poder especial que le venga de una ordenación sacramental.
2. De él no depende nadie para entrar en el cielo.
3. No está protegido por ningún concordato ni Código de Derecho Canónico.
4. No está sostenido con el dinero del Tesoro público.
B. La autoridad del pastor:
1. No es la de "ordeno y mando" de un obispo.
2. Sino la autoridad moral-espiritual que emana de
   a. Su llamamiento por Dios
   b. Conocimientos y capacitación
   c. Dedicación al ministerio
   d. El testimonio de su vida personal
   e. Sabiduría y experiencia
   Aquí está la fuente de autoridad y poder del pastor evangélico.
C. Ustedes que han llamado a este hombre para que les presida en el Señor y les predique la Palabra en el poder del Espíritu, ustedes deben:

1. Amarlo incondicionalmente.
2. Respetarlo como un ungido de Dios.
3. Protegerle de chismes y calumnias.
4. Sostenerle dignamente a él y a su familia.
D. Ese es el hombre que:
1. Les predicará la Palabra.
2. Les ayudará a crecer en los caminos de Dios.
3. Les amonestará para su santificación.
4. Presentará a sus hijos al Señor y les casará también. Estará a su cabecera a la hora de partir a la presencia del Señor.
5. Reirá y llorará con ustedes.
6. Será su amigo y confidente fiel.
E. Si ese hombre es digno
1. Escuchénle con atención.
2. Respétenle siempre.
3. Cooperen gozosamente en el ministerio con él.
4. Satisfagan con alegría sus necesidades y las de su familia.
5. Oren sin cesar por él.

Conclusión

El pastor evangélico no es un ángel, es sólo un hombre. Un hombre pecador llamado a llevar a cabo un ministerio santo. Está sujeto a desalientos, cansancio, estrés, equivocaciones. Por amor del Señor y de su obra, cumplid con lo que la Palabra nos enseña en 1 de Tesalonicenses 5:12, 13; Hebreos 13:8. Para que al final de la carrera pueda también decir con Pablo: 2 Timoteo 4:7, 8.

José Luis Martínez

INCAPACIDAD PASTORAL
Exodo 18:13-27

Introducción

Desde todo punto de vista es saludable comprender esto: Somos incapaces.
1. Ante Dios: Reconocemos que nuestra competencia viene de Dios (2 Cor. 3:5).
2. Ante la iglesia (Exo. 18:14-18): Encontraremos en este pasaje la vida de un clásico pastor y la sabia recomendación de un anciano.

I. LOS ASUNTOS DEL PASTOR (vv. 14-16).

"Mi papá no trabaja, él es pastor", contestó el niño. Muchos miembros de la iglesia así lo creen. Pero qué concepto más errado. Moisés prototipo del pastor actual supersaturado.

A. Debe dedicarse tiempo a sí mismo:
1. Para orar: Más que nadie necesita vivir en comunión constante con Dios. La oración es su arma predilecta. Es la fuente de su poder y sabiduría.
2. Para preparar el alimento del pueblo: La ración espiritual, demanda mayor cocción que la material (Hech. 6:2-4).

B. Debe dedicar tiempo a su propia familia:
Es mayordomo de esta área que a veces se descuida por atender a la iglesia. Debe ser pastor con su familia: "Me dediqué a cuidar las ovejas ajenas y las mías no las cuidé."

C. Debe dedicar tiempo a su ministerio (iglesia):
Hebreos 13:17: "...ellos velan por vuestras almas, como quienes han de dar cuenta".
Las minuciosidades de la obra asfixian al pastor.

II. EL CONSEJERO SABIO (v. 17).

Gracias a Dios por los consejeros sabios y oportunos: "Dejad las causas menores a otros, atended sólo las grandes."

A. El pastor debe reconocer su incapacidad:
Nunca debe de perder de vista su condición humana (v. 18).
Siempre debe reconocer la importancia del descanso.

B. El pastor debe aprender a distinguir lo importante de lo accesorio.

C. El pastor debe aprender a delegar responsabilidades (v. 21).
Burocracia bien aplicada y eficaz.

III. EL CONSEJO RECIBIDO Y APLICADO

A. Moisés actuó con sabiduría, recibió el consejo (vv. 24, 25).

B. Actuó también con humildad:
Permitió que otros decidieran por él. ¡Qué difícil para muchos pastores!

C. Moisés alabó a Jetro:
En los libros que escribió, nombró a Jetro como la persona que ideó la ordenación del pueblo.
Consideró justo dar crédito a las personas valiosas. No se adjudicó los méritos de otros.

Conclusión

"Señor, ayúdame a reconocer mi incapacidad. Hazme humilde para entender mi necesidad de ti, y del mismo pueblo a quien me has dado para cuidar."

Jorge Luis Cordero Rojas

UN MINISTERIO PASTORAL COMPROMETIDO
1 Tesalonicenses 2:1-16

Introducción

El momento de una instalación pastoral es propicio para hacernos pensar en la forma como se puede tener un ministerio pastoral comprometido. Lastimosamente demasiadas veces podemos ver cómo muchos de los llamados líderes religiosos caen en descrédito. ¿Cómo evitar esto?

El apóstol Pablo, luego de haber descrito lo que es una iglesia comprometida con el reino en 1 Tesalonicenses 2:1-16, describe al menos tres características que debe tener un pastor comprometido con Dios y su comunidad.

I. UN MINISTERIO INTEGRO (1 Tes. 2:1-6)

A. Un pastor con resultados (1 Tes. 2:1).
   Los resultados eran palpables en la vida de los tesalonicenses, no fue un trabajo vano.
B. Un pastor probado (1 Tes. 2:2).
   El ministerio pastoral pasará por conflictos, pero hay que salir airoso de ellos.
C. Un pastor intachable (1 Tes. 2:3-6).
   1. No es engañador (v. 3). Estaba bien fundamentado. No había engaño, tampoco malas motivaciones.
   2. Es aprobado por Dios (vv. 4-6a). Su mensaje no proviene de hombres. Su ministerio es por llamamiento de Dios no para agradar a los seres humanos.
   3. Se niega a sí mismo (v. 6b). Cede sus derechos con el propósito de servir.

II. UN MINISTERIO INTERESADO EN OTROS (1 Tes. 2:7-9)

A. Es tierno (1 Tes. 2:7).
   Debe haber una auténtica preocupación por la gente de su congregación.
B. Es servidor (1 Tes. 2:8).
   El servicio a la congregación debe ser hasta las últimas consecuencias: dar la vida.
C. Es un trabajo arduo (1 Tes. 2:9).
   El buen ministro debe procurar no hacerse sentir como una carga, para lo cual debe trabajar hasta el cansancio.
D. Un ministerio responsable (1 Tes. 2:10-12).
   1. Es santo, justo e irreprochable (v. 10). Su ministerio fue apartado por Dios, por lo cual él se comportó de acuerdo con las demandas de él, sin tener de qué arrepentirse.
   2. Tiene autoridad (vv. 11, 12). Tener autoridad es vital para un ministerio efectivo.

III. UN MINISTERIO DE EXITO (1 Tes. 2:13-16).

A. Presentador de la Palabra. El ministro de éxito se limita a presentar la Palabra de Dios y sus implicaciones para la vida diaria.
B. Asimila los problemas. Tener éxito no es ausencia de problemas, es saber asimilar estos problemas y convertirlos en bendición.

Conclusión

Toda persona que desea abrazar el ministerio pastoral debe tener en mente estas tres características que son visibles en la vida de Pablo, se requiere pastores comprometidos con su llamamiento, comprometidos con Dios, comprometidos con los miembros de su congregación. Solamente así será posible que su ministerio sea de verdadero éxito delante de Dios.

Juan Carlos Cevallos A.

LAS EXCUSAS FRENTE A LA MISION
Exodo 3:4

Introducción

Los hombres somos los campeones de las excusas, siempre tenemos una para no hacernos cargo de algo, así decimos: "Discúlpame, dejé la leche en el fuego, no puedo ir; tengo que atender a mi familia; mi señora no está de acuerdo, " etc.

Recurrimos muchas veces a estas excusas tontas frente al llamado de Dios, tal como lo hizo Moisés:

I. LA PRESENCIA DE DIOS

Dios no es hombre, su presencia es una manifestación omnipotente siempre, arde la zarza, aparición extraordinaria (3:2).

A. Dios lo llama concretamente por su nombre, "¡Moisés, Moisés!" (v. 4).

B. Ante su presencia se transforman las cosas y lugares comunes (v. 5). Aquí estoy, cambia tu actitud, saca tus zapatos, reconóceme.

II. ¿QUIEN SOY YO? (10).

Ante el llamado a la misión, aparecen los sentimientos de inferioridad.

A. Inferioridad frente al mundo (11), acomplejado.

B. Comparación desde su conflicto (11). Compara a Dios y Faraón e Israel y Egipto, valoraciones equivocadas.

III. ¿COMO HARE PARA RESPONDER? (13).

A. Miedo a que lo atrapen sin respuesta (13). Actúa el clásico no te metas.

B. Expresa su miedo, se olvida y desconoce a Dios (14). Este tiene que mostrarse.

C. Incapacidad de la iglesia y líderes para responder preguntas de la sociedad.

IV. A MÍ NO ME CREERAN (v. 41)

Duda de sus capacidades y posibilidades, así no puede ir.
A. Duda acerca del poder de Dios (4:1).
B. Dios le muestra su poder (4:2).
1. Con lo que él mismo posee, una vara (4:2).
2. Con su propio cuerpo, una mano leprosa (4:6).
C. ¿Qué tienes en tu mano? Ponlo en las manos de Dios y él hará cosas que tú no te imaginas.

V. YO NO SE HABLAR BIEN (11).

Esta era otra excusa, pues como príncipe estudió en la universidad de Tebas y parece que a Dios le hablaba muy bien.
A. Hay otros mejores que yo (10).
B. Yo te enseñaré a hablar, deja de pensar en ti y confía en mí (12).
C. Te proveeré de ayuda, si necesitas apoyarte te daré a Aarón (14).

Conclusión

Cuando Dios llama a que cumplas una misión, ¿qué excusas le pones?: ¿Quién soy yo? ¿Qué le diré a la gente? ¿A mí no me creerán? ¿Yo no sé hablar bien?

Contar la historia de Tomás, el negro africano que siguiendo a Dios y aunque no sabía hablar, se colocaba detrás del púlpito, oraba e invitaba en su nombre y Dios tocaba a las personas.

¿Serás lo que Dios te ha llamado a ser o serás un cristiano mediocre y fracasado?

Alberto Daniel Gandini

Día del pastor

EL DIA DEL PASTOR
Mateo 9:35; 10:4; 1 Pedro 5:1-4

Introducción

Actualmente hemos visto la caída de la ideología marxista-leninista en Rusia y Europa del este; después de 70 años en que se enseñó un ateísmo y una filosofía antropocéntrica, privando al ser humano de sus libertades más fundamentales. Ahora hay toda una generación que reclama escuchar el evangelio y hay iglesias que necesitan a un siervo de Dios, que ejerza el pastorado. Efectivamente, hoy más que nunca, se necesitan pastores, se necesitan verdaderos siervos de Dios que guíen el rebaño de nuestro Señor Jesucristo.

I. EL PASTOR ES LLAMADO, SEGUN EL CORAZON DE DIOS (Jer. 3:15)

A. Llamado por Dios para cuidar el rebaño que ganó con su sangre preciosa (1 Ped. 5:2), para tener cuidado de asumir su responsabilidad voluntariamente, no por fuerza, no por ganancia deshonesta sino con buen ánimo.

B. Llamado a mantenerse en el secreto de Dios (Jer. 23:22). Hombre de oración y dependencia del Espíritu Santo. Guiar al pueblo a dejar sus malos caminos y volverse a Jehová.

C. Es el siervo de Dios, llamado a apacentar las ovejas de Cristo (Juan 21:15-17). Es un llamado a ser pastor, que se hace a Pedro, pero se aplica para todo aquel que tiene el don de pastor-maestro; cuya función es apacentar, pastorear.

Actualmente, cuando hay tantas iglesias que necesitan siervos llamados a este ministerio; cuando lamentablemente hay algunos pastores que abandonan el ministerio o confiesan haber caído en inmoralidad, hacen falta pastores, según el corazón de Dios. (1 Sam. 13:14) "...Jehovah se ha buscado un hombre según a su corazón...", aunque el contexto se refiere a cuando Samuel anunciaba la caída del reino de Saúl y Dios iba a poner como rey a David; aun así tenemos que Dios levanta pastores según su corazón.

II. EL PASTOR DEBE SER CONSIDERADO COMO UN SIERVO DE DIOS

A. La congregación no debe maltratar al siervo de Dios, dándole un salario injusto, o nada, como fue el caso de la iglesia de Corinto respecto a Pablo (2 Cor. 11:8).

B. No faltar a su autoridad (2 Cor. 10:10; Heb. 13:17; 2 Cor. 11:16) Pablo fue tratado como loco, por los hermanos de Corinto.

C. Actualmente muchas iglesias, sobre todo en América Latina, dan un sueldo muy bajo a sus pastores. Más aún se prefiere construir un nuevo salón, comprar bancas, etc., pero no hay dinero para aumentar el salario al pastor.

III. EL PASTOR ES LLAMADO PARA PREDICAR, ENSEÑAR, CUIDAR EL REBAÑO, GANAR ALMAS Y PREPARARLAS PARA SERVIR EN EL REINO

A. Predicar y enseñar con su ejemplo (Heb. 6:4; 13:7).

B. El pastor debe dedicar tiempo a la oración y estudio de la Palabra. Un abogado tiene que saber todo lo relacionado con el código penal, leyes, etc.; un contador debe ocupar horas leyendo y estudiando las leyes de tributación. El pastor debe emplear muchas horas en orar y preparar sus estudios y sermones bíblicos.

C. El pastor debe cuidar el rebaño (Hech. 20:28-31; 1 Ped. 5:1-4). Pues vendrán muchos falsos maestros. Aun entre los mismos pastores y/o hermanos de la congregación se desviarán de la fe.

D. Un ejemplo primordial del pastor es ser un ganador de almas. Aunque no tenga el don de evangelista, su deber y gozo es ganar almas para Cristo y que cada uno de los miembros sea un ganador de almas (Hch. 1:8; Mat. 28:18-20).

Conclusión

"Pero de ninguna cosa hago caso, ni estimo preciosa mi vida para mí mismo, con tal que acabe mi carrera con gozo, y el ministerio que recibí del Señor Jesús, para dar testimonio del evangelio de la gracia de Dios" (Hech. 20:24).

Estas son las palabras de un pastor según el corazón de Dios.

Usted, hermano, ore por su pastor; ore antes de criticarlo; o cuando vea sus errores, ore porque Dios lo guíe en su Palabra.

Usted, pastor, vea siempre su ministerio, como un hombre de oración, un varón lleno del Espíritu Santo, y Hechos 20:24 sea su deseo y oración.

José D. Colchado Añazco

Día de la Reforma

EL LIBRO ABIERTO
Apocalipsis 10

Introducción

A. El libo o rollo abierto del v. 2 es sin duda la Palabra de Dios.
B. Toda la descripción pone de relieve la majestad, el poder y la autoridad de este mensaje celestial.
1. "Envuelto en una nube." Las nubes son la carroza de Dios (Sal. 104:3).
2. "El arco iris sobre su cabeza." El arco es la decoración del trono de Dios (Eze. 1:28).
3. "Su rostro era como el sol." Como el rostro de Jesús transfigurado (Mat. 17:2).
4. Su voz como el rugido de un león (v. 3, Ose. 11:10). También el trueno es una descripción poética de la voz de Dios (Sal. 29).
5. Había un misterio que iba a ser desvelado en el tiempo de Dios.

I. LA PALABRA DE DIOS, UN LIBRO ABIERTO

Uno de los métodos de interpretación del Apocalipsis, el llamado "histórico-continuo", considera que este capítulo empezó a cumplirse en el siglo XVI con la reforma religiosa que se inició en Alemania con las "95 Tesis" que Martín Lutero clavó en las puertas de la iglesia de Wittenberg, el 31 de octubre de 1517, protestando contra la venta de indulgencias. Aunque no adoptemos dicha interpretación, la verdad es que aquella fue una época de la Biblia abierta.

A. La época de la Biblia abierta.
1. La iglesia la había ocultado por siglos. Muchos pagaron con sus vidas el delito de leerla.
2. La Reforma devolvió la Biblia al pueblo y proclamó el derecho individual al juicio privado o libre examen (Hech. 17:11).
3. La historia moderna es época de la Biblia abierta, que ha traído como resultado la libertad, las instituciones democráticas, las reformas sociales, y la educación popular. Sarmiento, ilustre educador y ex presidente argentino dijo:

"La lectura de la Biblia echó los cimientos de la educación popular que ha cambiado la faz de las naciones que la poseen."
B. La iglesia de la Biblia abierta.
   1. La iglesia dejó de ser una institución autocrática y dogmática, para convertirse en instrumento de la voluntad de Dios.
   2. La lectura de la Biblia dejó de ser privativa de los teólogos para ser posesión común de todos los creyentes.
   3. Hoy, gracias a los reformadores, tenemos la Biblia en el lenguaje del pueblo y al alcance del mismo. Las Sociedades Bíblicas han hecho una maravillosa contribución en este sentido.
   4. La iglesia debe ofrecer la Biblia "abierta", accesible a todos a través de mensajes, estudios y cursos.

II. LA PALABRA DE DIOS, ASIMILADA

A. Juan "comió" el libro (vv. 9, 10).
   Digirió el mensaje, lo incorporó a su vida, lo hizo parte suya (Eze. 3:1, 3).
B. Los reformadores se nutrieron de la Palabra de Dios.
   1. Cambiaron la fe dogmática en fe viva.
   2. Cambiaron la jerarquía eclesiástica en el sacerdocio universal de los creyentes.
   3. Cambiaron la autoridad absoluta del papa por la autoridad de la Biblia.
   4. Cambiaron el despotismo de Roma por la libertad espiritual.
C. Los reformadores podían predicar con poder (v. 11).
   1. Tenían la Palabra en la mente y en el corazón, por eso podían llevarla a los labios.
   2. Al descubrir la Biblia y sus verdades, descubrieron también a la persona de Cristo. Tenían una experiencia personal.

III. LA PALABRA DE DIOS, DULCE Y AMARGA

A. En un sentido es dulce (Sal. 19:10).
   1. Por sus bendiciones.
   Ilustración: Un método pedagógico antiguo entre los judíos. Escribían las letras del alfabeto en galletitas dulces. El niño podía ir comiéndoselas a medida que aprendía bien el valor fonético de cada signo. Así, el alfabeto era dulce como la miel en su boca.
   2. Por el gozo de la revelación y el privilegio de la comunicación. Esto es lo que sostuvo a los reformadores. La Inquisición, el "Santo Oficio", con todos sus métodos de extermi-

nio: las hogueras, las dragonadas, las torturas en cárceles, etc., no pudieron apagar el fervor con que anunciaban su mensaje.
B. En otro sentido, es amarga.
   1. Ejemplo: Samuel tuvo que dar un mensaje de juicio a Elí.
   2. Véase Eze. 2:8, 10.
   3. Juan tuvo que anunciar:
      a. Los impíos sufrirán calamidades.
      b. Los cristianos sufrirían en manos de Domiciano y sus secuaces.
      c. La iglesia sufriría por no estar en convivencia con el poder imperial.
      d. Roma sufriría calamidades naturales y finalmente su destrucción.
   4. Lutero padeció muchas amarguras por causa de su fe.

Conclusión

La Palabra está abierta. Al alcance de todos. El que la predica tiene que asimilarla primero. Para el oyente es palabra de salvación pero también de condenación (Juan 3:36). Puede ser dulce para ti si la aceptas, o amarga, de juicio, si la rechazas.

Víctor J. Cabrera

"NO PUEDO HACER OTRA COSA"

Introducción

Estas fueron las palabras de Martín Lutero cuando fue llevado delante de los tribunales. ¿Qué es lo que quiso decir con esto?

Todo empezó el 31 de octubre de 1517. Lutero clavó sus "95 Tesis" en la puerta de una de las catedrales alemanas. Esto provocó la reacción de la Iglesia Católica, hasta el punto de conducir, algunos años más tarde, ante los tribunales a Lutero. Allí le exigieron que se retractara de lo que había dicho, pero él no podía hacerlo, clamando la ayuda de Dios para que le sostuviera en su compromiso radical.

Junto con otros reformadores, llegaron a afirmar cuatro cosas que son las características de las iglesias que somos herederas, de una u otra forma, del movimiento de la Reforma.

I. SOLAMENTE CRISTO

A. Jesús es el único camino (Juan 14:6).
   El mensaje de la Reforma se centró en Cristo Jesús.

—La salvación se encuentra solamente en Jesús (Hech. 4:12).
B. El Cristo que proclamamos.
   Estas características son inseparables y no se puede hacer hincapié en ninguna de ellas sin perjuicio de las demás. Solamente así seremos fieles a la revelación bíblica.
   1. El Cristo que es Dios, el eterno (Juan 1:1-3).
      Es Dios que se comunica con el hombre.
   2. El Cristo que es histórico (Gál. 4:4).
      Se manifestó entre los hombres.
   3. El Cristo que es humano (Juan 1:14).
      Fue uno de entre nosotros, pero sin pecado.

II. SOLAMENTE LA GRACIA

A. El hombre no puede dar (Ef. 2:1-3).
   1. La doctrina de la gracia está en contra del orgullo del hombre que cree que puede hacer todo.
   2. El hombre no puede hacer nada porque está muerto.
B. El hombre sí puede recibir.
   1. El hombre ha sido capacitado por Dios para poder ser receptor de la salvación.
   2. El hombre puede ser salvo solamente por la acción de Dios (Ef. 2:8, 9).
C. El hombre tiene gran valor.
   1. El valor que tiene el hombre radica en que es creado a imagen de Dios.
   2. Dios ha depositado su amor en el hombre (Juan 3:16).

III. SOLAMENTE LA FE

A. El hombre necesita ser justificado.
   1. El pecado del hombre le impide acercarse a Dios.
   2. La justicia es asequible al hombre por la fe (Rom. 3:21, 22).
B. La fe no es ciega.
   1. Al hombre que confía en Jesús, su fe le es contada como justicia (Rom. 4:5).
   2. Conocer a Jesús es tener fe en él (Juan 6:69).
C. La fe es el único camino de vida (Rom. 1:17).
   Es un camino de obediencia (Mat. 10:34-39).

IV. SOLAMENTE LA ESCRITURA

A. No hay otra fuente de autoridad.
B. Obedecerla es la única manera de crecer (2 Tim. 3:16, 17).

Conclusión

La decisión es de cada uno. Se puede decir que estos pilares de la fe no tienen valor, o nos podemos someter a las consecuencias que trae la obediencia a solamente Cristo, quien nos ofrece solamente la gracia, por medio de solamente la fe, para guiarnos solamente por la Escritura. ¿Podemos repetir junto con Lutero: "No puedo hacer otra cosa. Dios mío, ayúdame"?

Juan Carlos Cevallos Q.

FIRMEZA EN LA FE
Apocalipsis 2:12-17

"Y retienes mi nombre, y no has negado mi fe, aun en los días Antipas, mi testigo fiel quien fue muerto entre vosotros..." (v. 13).

Introducción

De entrada digamos que, aunque recordamos la Reforma, a la hora de reflexionar sobre nuestros orígenes como bautistas nos afirmamos en reconocer que, siendo la nuestra una preciosa historia de fidelidad testimonial y bíblica, nuestra razón de ser hoy no depende de una sucesión histórica, sino de una relación neotestamentaria.

Nuestra pregunta para hoy no es: ¿De dónde vinimos?, sino ¿son los nuestros, hoy, principios y doctrinas que tenían los apóstoles y las iglesias cristianas del Nuevo Testamento? Y gozosamente descubrimos que así es.

La situación de Pérgamo, iglesia que se encuentra en el contexto de nuestra lectura devocional, nos sirve de fondo para ilustrar el tiempo de la Reforma y los tiempos de hoy.

En Pérgamo:
1. Era difícil ser cristiano. (Lo fue en los tiempos de la Reforma y lo es hoy.)
2. Ante tanto paganismo e incredulidad, hubo cristianos que "retuvieron la fe". Así fue en tiempos de la Reforma y así lo es hoy también.

Detalles históricos ilustrativos por comparación:
Pérgamo:
Ciudad centro cultural (origen del pergamino). (Roma también.)
Centro de grandes templos idolátricos (Esculapio, César). (Roma también.)

Tenían un "remanente fiel, que retenían la fe" (En la Europa de la Reforma también.)
¿Qué significa "retener mi nombre o no negar la fe?

I. CONSIDEREMOS EL HECHO

A. Retener el nombre... identificado con no negar la fe.
Jesús: Salvador, ungido, significa su persona, su obra, su carácter. La fe se centra en Cristo para todo, así que retener el nombre de Dios es mantener la fe.
B. ¿Cómo es negada la fe?
   1. Cuando no la confesamos nunca.
   2. Cuando se cede a las pasiones o nos movemos al son de los estados de ánimo.
   3. Se niega la fe cuando se olvida o se separa uno del pueblo de Dios.
C. ¿Cómo podemos decir que retenemos el nombre de Cristo y la fe?
   1. Cuando nos sometemos de corazón e intelecto a las enseñanzas del Señor.
   2. Cuando le confesamos en toda circunstancia. Como lo hicieron los hombres de la Reforma.

II. AVANCEMOS UN POCO MAS PROFUNDAMENTE

Una vez visto el hecho, veamos ahora:
A. ¿Qué quiere decir retener el nombre de Jesús?
   1. Retener su divinidad.
   2. Retener su realeza.
   3. Retener su poder salvífico.
B. Argumentos para retener la fe.
   1. No hay razones para negarla.
   2. No hay argumentos para rechazarla.
   3. Si negamos la fe, ¿qué ponemos en su lugar?
   4. Tenemos una deuda de imitación con ellos.

III. RAZONES PRACTICAS PARA TENER A DIOS Y LA FE

A. Es para nuestro bien personal.
   1. La fe en Jesucristo es el consuelo del pasado, del presente y del futuro. Es el perdón, la confianza y la razón de la esperanza.
   2. La fe en Jesucristo es el alimento del alma, la fortaleza del corazón y la vida ante la muerte.

B. Es el poder para cada día.

Conclusión

La terminación de la carta a Pérgamo habla de "el que venciere". Y es que el que retiene el nombre del Señor y cree en él, tiene vida eterna.

Roberto Velert Chisbert

Día de Todos los Santos
o Día de los Muertos

HAY MAS ALLA
1 Corintios 15:19

Introducción

Siendo inútiles todos los esfuerzos de sus exploradores marineros en procurar encontrar tierra más allá de sus costas, España tenía un lema en la primera mitad del siglo XV: *Non plus ultra*, palabras latinas que significan *Nada más allá*. Pero después de que Colón volvió de su histórico viaje con la noticia de que había un continente e islas al occidente, España reconoció que su lema no correspondía a la realidad, porque, efectivamente había *más allá*.

El 12 de octubre de cada año se recuerda la memorable gesta del descubrimento de América por Cristóbal Colón en el año de 1492. Existe en Valladolid, antigua capital de España, un monumento a Colón. La parte más notable del mismo representa al león de Castilla, arrancando la palabra *non* del lema, de modo que diga: *Plus ultra*, "más allá".

Plus ultra es también un lema del cristianismo. No tendría sentido nuestra predicación si no hubiera más allá. En 1 Corintios 15:19 el apóstol Pablo dice: "¡Si sólo en esta vida hemos tenido esperanza en Cristo, somos los más miserables de todos los hombres!"

I. ALGUNOS NO CREEN EN EL MAS ALLA

A. Los saduceos (Mat. 22:23-33; Hech. 23:8).
La literatura rabínica atribuye a los saduceos esta máxima: "Como la nube se deshace y desaparece, así el hombre desciende a la tumba y ya no vuelve."

B. Los incrédulos.
Ilustración: En un pueblo había dos ateos famosos, muy amigos entre sí, que toda la vida habían difundido sus ideas ateístas. Llegó el día en que uno de ellos estaba gravemente enfermo, a punto de morir. La gente quería saber cómo moría un ateo, así que muchos acudían a su casa para verlo. El amigo, en cierto momento, para darle ánimo en medio de sus sufrimientos, le dijo en voz baja: "No tengas miedo; sostente firme hasta el último momento." A lo cual el moribundo respondió: "Eso es lo

que quiero, sostenerme firme hasta el fin, pero, ¿sostenerme de quién?"

En la hora de la verdad, la negación del incrédulo no alterará la realidad.

II. A OTROS NO LES PREOCUPA EL MAS ALLA

A. Los indiferentes.
   1. El rico insensato (Luc. 12:16-20).
      a. Pensó sólo en esta vida.
      b. Fue egoísta, pensó sólo en sí mismo.
      c. Vivió para acumular riquezas materiales.
   2. El rico "mundano".
      a. Vestía lujosamente.
      b. Se ocupaba en diversiones, fiestas y comidas.
      c. Era insensible a las necesidades de su prójimo.
   3. También hay pobres indiferentes y despreocupados de las cosas de Dios.

B. Los que no valoran su alma (Mat. 16:26).

III. OTROS CREEN TENER ASEGURADO EL MAS ALLA

A. Los nominalmente cristianos.
   1. No se han arrepentido nunca (Hech. 3:19).
   2. No han creído (Hech. 16:31).
   3. No han nacido de nuevo (Juan 3:3, 5; 1:12).
   Si no han sucedido estas cosas en su vida, no son cristianos.

B. Sólo los cristianos van al cielo.
   1. El "buen ladrón" (Luc. 23:43).
   2. El mendigo Lázaro (Luc. 16:22).
   3. Pablo el apóstol (Fil. 1:23).
   4. Algunos no morirán (1 Cor. 15:51).
   5. En la segunda venida, todos los cristianos irán al encuentro del Señor (1 Tes. 4:13-17; Apoc. 21:1, 2, 10).

Conclusión

Dios te invita a prepararte porque hay algo "más allá". Porque todos, tarde o temprano, iremos a ese más allá. Y porque el más allá es eterno.

Víctor Jesús Cabrera

¿CREES EN LA RESURRECCION?
Mateo 27:52, 53

Introducción

La esencia del mensaje de Jesucristo es la esperanza: la esperanza de una nueva vida, de un nuevo orden que ya ha comenzado con su venida. Hasta su llegada los hombres se desesperaban ante la muerte, las madres no tenían consuelo frente a sus hijos fallecidos, las pérdidas humanas eran irreparables, la angustia por el más allá no tenía respuesta.

Por eso hoy podemos conmemorar el día de los muertos honrando su recuerdo, colocando flores en sus tumbas y con la esperanza en nuestro corazón de que un día nos volveremos a ver porque Cristo ha quebrado el muro de la muerte y ha tendido un puente hacia la continuidad de la vida. No sólo porque él resucitó primero, sino porque ha probado que en este nuevo orden de vida, los santos resucitan por su poder.

I. LOS SANTOS RESUCITAN

Hay personas que creen que Jesucristo murió y resucitó pero no están seguros de que un hombre común pueda resucitar. El Apóstol en este relato nos muestra que Dios ha dado un anticipo.

    A. Los sepulcros del Gólgota (52a).

        Alrededor del lugar de la Calavera donde Jesucristo fue ajusticiado, había un cementerio, con tumbas cavadas en las rocas, donde se sepultaba a personas que habían muerto en Jerusalén.

    B. Las rocas se partieron (51).

        Cuando Jesucristo moría en la cruz, entregó su espíritu y ocurrieron una serie de fenómenos. El que nos interesa es que se partieron las rocas, no hubo un derrumbe, sino las piedras que cubrían la entrada de las tumbas.

    C. Las tumbas se abren con la muerte de Cristo (51).

        El nuevo orden, el anticipo de una gloria venidera. No se abren todas las tumbas, sino las de los santos, que resucitaron antes que él.

    D. Sepulcros abiertos, ¿por qué? (52a).

        Para exponer el nuevo orden, la victoria de la vida sobre la muerte, para transformar la realidad del hombre, expuestos los sepulcros a todos los espectadores.

II. LOS HOMBRES RESUCITAN

Qué impresionante debe haber resultado ese momento, donde una cantidad de cristianos se levantan de sus tumbas a la vista de la gente, envueltos en vendas y vuelven a encontrarse con sus familias.

A. No era la resurrección final.

Fue, para un número limitado de personas, una prueba simbólica de la gloriosa resurrección postrera.

B. La victoria de Cristo cambió el orden humano (52).

Hasta antes de Cristo los que morían nunca salían de sus tumbas. La victoria de la cruz alteró el orden de la muerte.

C. La muerte ya no es el límite (Col. 2:15).

La muerte de Cristo destruyó públicamente el poder de la muerte y del pecado.

D. ¿Qué clase de resurrección?

Se trataba de cuerpos vivificados, como el de Lázaro. De allí la necesidad de abrir la piedra. Cristo, con un cuerpo celestial, no abrió la roca sino que pasó a través de ella.

III. ¿PARTICIPARAS DE LA RESURRECCION FINAL?

La esperanza de ver a nuestros seres amados no es un deseo sino una realidad que Dios ha abierto a los hombres desde Cristo.

A. No podemos hacer nada para resucitar.

Los hombres han momificado los cuerpos, han hecho estatuas o los han conservado de alguna manera, porque en lo más profundo desean poder resucitar. El drama es que no pueden alterar el orden de la muerte.

B. Jesucristo ofrece al hombre la resurrección (Juan 5:24).

No podemos hacer nada para resucitar, sólo entregar nuestra vida a Jesucristo, para que él lo haga.

Conclusión

Conmemoramos el recuerdo de nuestros seres queridos, pero ellos no están muertos, están vivos, pertenecen al orden de la vida. Anhelamos el día en que nos encontraremos y continuaremos junto a ellos la nueva vida, con un nuevo cuerpo, que no se gasta y vive para siempre.

Alberto Daniel Gandini

NUESTRO DEBER ANTE LA PATRIA
Proverbios 14:34

Introducción

En nuestro tiempo, la mayoría de los cristianos no piensan en su responsabilidad para con el país en el que Dios les ha hecho nacer. La palabra "patria" proviene de "pater" (padre, en latín) y demuestra nuestra obligación. Algunos consideran que no es tema que corresponda a la iglesia, pero el apóstol Pedro dijo: "Temed a Dios. Honrad al rey" (¡y se trataba de Nerón!). Es deber de la iglesia, en primer lugar, proclamar la nueva vida en Cristo, pero además ayudar a sus miembros a entender que parte de esa vida se invierte en el servicio a la comunidad. En este versículo, un gobernante, el rey Salomón, nos da un buen resumen de lo que es base de la nacionalidad.

I. LA JUSTICIA ENGRANDECE A LA NACION

Puede ser conveniente explicar que el concepto bíblico de "justicia" (por ejemplo, cuando Jesús habla de "el reino de Dios y su justicia") no es exactamente lo que entendemos hoy, como cuando pensamos en los jueces, los tribunales, las leyes, etc. Más bien se refiere a un andar rectamente en relación con los demás, de acuerdo con la voluntad de Dios. El preámbulo de la Constitución Nacional argentina declara que Dios es "fuente de toda razón y justicia".

A. Cuando hay justicia, hay muchas cosas buenas que surgen en la vida:
 1. Paz interior.
 2. Satisfacción por lo logrado sanamente.
 3. Ansia de progreso por buen camino.
 4. Comprensión entre los sectores de la sociedad y en la vida internacional.

B. Es la lección permanente de la historia.

C. Se la debe aplicar a las relaciones humanas:
 1. El delito debe ser castigado.
 2. El esfuerzo debe ser premiado y estimulado.
 3. La igualdad debe ser para todos.

D. También debe aplicarse en la vida y actitud interiores.

C. Debe ser bien aplicado:

1. Hay que aplicar los principios del amor a dependientes, gente de otras razas, extranjeros, etc.
2. Siendo justos en el pago y esforzados en el trabajo.
3. Buscando la justicia divina en lo personal y lo universal.

II. EL PECADO ES AFRENTA DE LAS NACIONES

A. Debemos comenzar por demostrar que es así.
   1. En el fondo, todos lo condenan (ej. mentira, deshonestidad, etc.).
   2. A veces domina a toda la sociedad (ej. nazismo, prejuicios raciales, luchas civiles, etc.).
   3. Puede surgir de los gobernantes mismos (ej. cohecho).
   4. La historia también lo demuestra.
B. Pero además debemos combatirlo.
   1. Debemos comenzar por no practicarlos: no copiar métodos del mundo y no ser parásitos sociales.
   2. No debemos permitirlo, sino denunciarlo a cualquier precio.
   3. Debemos luchar en contra del pecado en sí y contra sus consecuencias (miseria, ignorancia, persecuciones, etc.).
   4. Debemos presentar la solución en Cristo: él no aprobó el pecado, luchó contra él y dio su vida por redimir al hombre.

Conclusión

Jerónimo Savonarola, precursor de la Reforma, en el siglo XV, gobernó la ciudad de Florencia con estos principios: 1. Predicar el temor de Dios y la reforma de las costumbres. 2. Poner el bien público antes que el interés particular. 3. Perdonar a los enemigos del gobierno anterior. 4. Lograr que el pueblo mismo elija los magistrados y forme las leyes.

Pablo nos da su profesión de fe patriótica en Hechos 22:3-5.

Arnoldo Canclini

EL DIA DE LA INDEPENDENCIA
Juan 8:31-38

El año de 1992 tiene una importancia singular para todos los países americanos, precisamente se cumplen 500 años del descubrimiento de América. Pero también es triste recordar las injusticias que realizaron algunos de nuestros conquistadores, en contra del patrimonio de América, en contra de los americanos. Se puede afirmar sin temor alguno que los países europeos cometieron abusos contra los nativos y el suelo de nuestra América.

Por una parte podemos recordar la independencia de América del Norte del dominio inglés; el 4 de julio es un día muy especial para los estadounidenses. México también recuerda su independencia el 16 de septiembre; Argentina el 9 de julio; 10 de agosto, Ecuador; Perú el 28 de julio y así podemos mencionar el día de independencia de cada país.

El 28 de julio de 1821 se declaró la independencia del Perú. Desde esa fecha, es una nación independiente y soberana. Pero aún había esclavitud y habrá esclavitud.

I. EL PLAN DE DIOS ES UNA NACION LIBRE Y SOBERANA (Exo. 3:6-9)

A. Dios interviene en la historia: vemos como Dios escucha la oración de sus hijos. El desea tener un pueblo libre y soberano que le sirva en su reino.

B. Los hijos de Dios intervienen en los principios de libertad. Dios llamó a Moisés para llevar a su pueblo a la libertad y a la obediencia a Dios. El Señor lo usó milagrosamente; Dios interviene y el pueblo es liberado, el plan de Dios se cumple.

C. El creyente es ciudadano del reino y debe interceder ante Dios, para que mientras viva en este planeta sea un ciudadano con ideales de libertad y así vivir quieta y reposadamente (1 Tim. 2:1, 2).

Diego Thompson fue un pastor escocés, bautista, que en 1818 llegó a Río de la Plata. Fue amigo de San Martín y Bolívar y tuvo la oportunidad de promocionar el método de enseñanza lancasteriano y de distribuir enormes cantidades de Nuevos Testamentos por todo el continente, desde Argentina hasta México.

Así mismo podríamos mencionar a los pensadores creyentes que participaron en la gesta de la independencia de América del Norte. Fueron hombres que aprendieron a vivir una doble ciudadanía; ciudadano de un país terrenal y ciudadano de un país central.

II. EL PLAN DE DIOS ES LLAMAR A LOS HOMBRES A SER LIBRES (Exo. 3:8)

Es interesante saber que fueron algunos creyentes que huyendo de la esclavitud religiosa de Inglaterra, se radicaron en América del Norte y así formaron las Trece Colonias, que dio lugar a la nación de hoy.

Por supuésto que no todos los que escapaban de Inglaterra eran creyentes, pero sí hubo mucha influencia cristiana, como fue la de Rogelio Williams, quien fundó la Colonia Rhode Island. Fueron los bautistas quienes directa o indirectamente infundieron los principios bíblicos de libertad de conciencia, religión, etc.

A. Dios llamó a su pueblo a salir de la esclavitud (Exo. 3:8). Llamó a un siervo, Moisés, e Israel celebró su Pascua, como el día de su independencia política. Actualmente la iglesia de Cristo debe anhelar vivir en un país libre.

B. Dios tiene un plan para cada hombre, pero puede influir en todo el curso de la historia. Se dice que Alberto Einstein era de ascendencia judía y él un día le pidió a Jehová que detuviera la matanza contra los judíos, y sabemos que él fue una pieza clave para lograr la victoria de los aliados en la Segunda Guerra Mundial.

III. EL PLAN DE DIOS ES QUE SUS HIJOS PREDIQUEN LA INDEPENDENCIA DE CADA CIUDADANO (Juan 8:31-33)

A. Debemos dar gracias a Dios por la independencia de nuestra patria; pero debemos entender que todavía es una colonia de Satanás (Ef. 6:10-12); que está esclavizada a la injusticia del pecado en todos sus términos.

B. Nuestra nación todavía tiene esclavos. San Martín proclamó la libertad del Perú, pero fue muchos años después que Ramón Castilla proclamó la independencia de los esclavos negros y fue en la década de los sesenta que un pastor bautista, Martin Luther King, reclamó más libertad para los negros.

¿Qué le falta a nuestra nación? Cada vez hay más hogares divididos, niños abandonados, personas en fármacodependencia, drogadicción, falta de honradez, destrucción de la naturaleza. Nuestra patria necesita un libertador.

C. Cada ciudadano necesita ser libre del pecado (Juan 8:31), de su propia maldad (Mar. 7:21-23), y de su propio engaño (Jer. 17:9).

D. Cada ciudadano necesita convertirse a Cristo (2 Cor. 3:16, 17; Juan 1:11-13, 3:3; 5:11, 13).

Conclusión

Nuestra patria celebra un año más de su independencia política, un año más de dejar de ser una colonia de un país extranjero; el inicio de una república independiente y soberana. Debemos dar gracias a

Dios por ello; pero todavía es una colonia esclavizada por la maldad y el pecado que destruye al hombre física y espiritualmente; y lo arrastra a una condenación eterna, lejos de su Creador.

Dios tiene un plan para usted: ser libre e independiente en Cristo Jesús... (Juan 8:31-33), ...conocer la verdad y ser libre gozándose en Cristo.

José D. Colchado Añazco

Día de la Biblia

LA BIBLIA: PALABRA DE DIOS
2 Timoteo 3:16

Introducción

Este no es tanto un mensaje devocional como un estudio apologético. Es importante como materia de reflexión y afirmación del principio de la inspiración de las Sagradas Escrituras. Una cosa es declarar la inspiración y otra es tener las *credenciales* que confirmen tal afirmación. El propósito de este mensaje no es solamente declarar como cierta la inspiración, sino dar pruebas que lo demuestran.

I. EL ARGUMENTO DE LA AUTOVINDICACION

    A. Desde el principio de la Escritura todos los libros que la componen se autovindican singularmente como "Palabra de Dios".

    B. La naturaleza propia de la Escritura, por su superioridad moral y su irreprochabilidad didáctica, se autoconstituye en la máxima autoridad para vindicarse. No acepta otra autoridad porque no hay otra.

II. EL TESTIMONIO DEL ESPIRITU SANTO

    A. Es un argumento particularmente para el creyente, pero no deja de tener su valor para el sentido común.

    B. El Espíritu Santo que realizó la inspiración, no se ausentaría de su función de confirmar este hecho. El da testimonio a "nuestro espíritu, de que somos hijos de Dios" (Rom. 8:16). Así mismo, como un reto al mero investigador, dice: "Estas se han escrito para que creáis que Jesús es el Cristo" (Juan 20:31). Como diciendo: lee, investiga y reconocerás.

    C. De este modo el Espíritu Santo guía al creyente y reta al investigador a toda verdad. Luego él confirma su propia obra: la inspiración.

III. EL PODER DINAMICO DE LA BIBLIA

    A. El poder transformador de la Escritura en tantas vidas y sociedades es una clara evidencia de su origen divino.

B. Un libro que es capaz de cambiar para bien al hombre, sólo puede venir de Dios. La Biblia realiza poderosamente ese cambio, luego la Biblia viene de Dios.

IV. LA INTEGRIDAD DE JESUS

A. La realidad histórica y la integridad personal de Cristo son hechos incuestionables. El veredicto de la historia con relación a Jesús fue: "Ningún delito hallo en este hombre" (Luc. 23:4).
B. Cristo, Maestro sin igual, declaró él mismo la procedencia divina de la Palabra en Getsemaní, sujetó su poder y su vida al "cumplimiento de la Palabra".
C. Lo que Jesús enseñó teológica y categóricamente es cierto. El enseñó la inspiración de la Biblia.

V. LA UNIDAD DE LA BIBLIA

A. La diversidad de autores, épocas, distancias de tiempo y cultura, lenguas e incluso temas, ha estado perfectamente entrelazado por la incomparable *unidad* de su mensaje central: La respuesta de Dios (Cristo) al problema universal del hombre (el pecado).
B. Un libro de tan perfecta unidad en medio de tan sorprendente diversidad, sólo puede ser explicado como un libro sobrenatural: La Biblia es tal libro.

VI. LA PROFECIA DE LA BIBLIA Y LA INTEGRIDAD DE LOS MANUSCRITOS BIBLICOS

A. El cumplimiento de decenas de profecías está avalado por la historia y la arquelogía:
Se pueden mencionar muchas cosas: Los Imperios según Daniel, las caídas de Gaza y Ascalón; Moab-Amón; Petra-Edom; Nínive... Jerusalén.
Profecía sobre Tiro: Ezequiel, 592-570 a de J.C. (Eze. 26:3, 4, 7, 8, 12, 14, 21). Cumplidas en tiempos de Nabucodonosor y Alejandro Magno.
B. En relación con las copias de los manuscritos, no hay documento antiguo que tenga la cantidad y veracidad historiográfica que tienen los documentos tanto del Antiguo como del Nuevo Testamentos.
Las predicciones precisas acerca de sucesos futuros debe tener carácter sobrenatural. La Biblia narra repetidamente precisos acontecimientos futuros que se cumplen. Luego sin duda es un libro sobrenatural.

VII. LA SUPERIORIDAD DE LA BIBLIA

A. Hay cosas buenas en los sistemas y libros filosóficos y religiosos. La Biblia contiene *todo* lo bueno y *nada de lo malo* que hay en otros libros.

B. La superioridad moral, ética y espiritual de la Biblia es mucho mayor que cualquier otro libro de "religiones". Luego la Biblia tiene una procedencia sobrenatural.

VIII. LA UNIVERSALIDAD DE LA BIBLIA

A. Universalidad en términos de enseñanza, contenido, traducción, distribución, continuidad, aplicación y comprensión.

B. La Biblia es el libro más universal; es lógico pues fue dada por el Creador del universo.

IX. HISTORICIDAD DE LA BIBLIA

A. La Biblia es el libro más confirmado histórica y arqueológicamente de todos cuantos existen. Luego su credibilidad es única.

X. LA INDESTRUCTIBILIDAD DE LA BIBLIA

A. Desde el edicto de Diocleciano (303 d. de J.C.) de que las "Escrituras fueran quemadas", ningún otro libro ha sufrido mayores ataques y persecuciones, pero en la Biblia se cumple aquello que dijo Jesús: "El cielo y la tierra pasarán pero *mis palabras no pasarán.*" Un libro indestructible es un libro sobrenatural.

Conclusión

¿Qué va a hacer usted con la Biblia? Dios se ha revelado en ella para que tengamos no sólo una perfecta norma de conducta, sino para que en ella y a través de ella conozcamos la verdadera vida eterna.

Jesús dijo: "Escudriñad las Escrituras, ellas dan testimonio de mí", y él es el "camino, y la verdad, y la vida".

Roberto Velert Chisbert

Navidad

VULGARIDADES DE LA NAVIDAD

Introducción

Nos gusta pensar en la Navidad como un acontecimiento extraordinario que tiene su origen en una escena pastoril y bucólica, donde un grupo de personas están admiradas ante un niño de singular belleza y encanto.

Parece una escena arrancada de las poesías de nuestro Garcilaso de la Vega, donde el campo es solamente armonía y perfección, donde sólo hay evocaciones al amor e invitaciones a la contemplación.

Mi propósito en esta mañana es completamente otro: quisiera hablaros de algunos aspectos vulgares de la Navidad.

I. LA VULGARIDAD DEL NOMBRE DE JESUS

A. Seguramente no dejará de chocar el hecho de que el nombre de Jesús era común entre los judíos, como lo es hoy, más o menos, entre personas de lengua castellana.
¿Qué hay de especial en un nombre?

B. El Cristo no tomó un nombre raro para venir a nosotros. Tomó un nombre vulgar. ¿A qué nombre le podríamos asimilar? Tomemos el nombre Antonio o Sindulfo.
Si solamente estos dos nombres hubieran estado a disposición del Hijo de Dios, él habría tomado el de Antonio, por ser el más corriente. Porque él quería estar cerca de los Antonios, de los Pacos y de los Pepes. Porque él quería acercarse a nosotros con una identificación perfecta.
Su naturaleza era perfectamente humana. Descendió para ser hombre entre los hombres. Para hacernos patente que las barreras entre el hombre y Dios estaban rotas. Participó de nuestra sed, hambre, cansancio y de nuestros temores.

C. Lo extraordinario radica en que aquel nombre vulgar se ha llenado de gloria. Alrededor de él se va acumulando la autoridad y el poder. Su vida es intachable, sus enseñanzas son maravillosas. Sus discípulos son testigos de que el Padre ha hallado complacencia en él: "Este es mi Hijo amado". Los suyos comienzan a experimentar que al conjuro de aquel nombre, los espíritus se le sujetan, los males son vencidos; las cargas son deshechas y las almas se llenan de gozo.

Y había pasado apenas un poco de tiempo, cuando un inspirado hombre, lleno de valor, delante de una multitud exclama... (Hech. 4:9, 10).
Y años después, en el cúmulo de la experiencia con el Cristo, Pablo puede decir... (Fil. 2:9-11).
D. Esto significa:
1. Que Dios se ha revelado a nosotros en forma humana en la persona de Jesús.
2. Que Dios puede ser conocido a través de Jesús. La naturaleza es algo, pero no lo es todo. En Jesús sabemos del carácter y el plan de Dios.
3. El nombre de Jesús se hace acreedor de su significado: Salvador.
   Un nombre vulgar se llena de gloria y viene a ser nuestra esperanza.

II. LA VULGARIDAD DEL SITIO: UN ESTABLO

A. ¿Puede haber algo más vulgar que un establo? Por mucho que la poesía haya querido embellecerlo, el establo no deja de ser lo que es.
B. Aquella tarde, José y María se encaminan pesadamente hasta Belén. Van soñando con la posada.
   Los sueños del hombre siempre han sido encontrar cobijo, seguridad y protección. Los sueños del hombre siempre están en tener éxito en la vida, alcanzar una buena posición, tener una familia feliz y el aprecio de los demás. Todo eso representa la posada o el mesón.
C. Pero resulta que no hay sitio. No es mala voluntad de nadie. Simplemente, es así; hemos llegado tarde, ya no hay lugar. Frente a nuestros sueños se alza la realidad de la vida diaria y ésta se compone frecuentemente de "un establo".
D. Pero, he aquí que, cuando entran en el establo, éste se llena de gloria. No importa el sitio sino la luz divina que alumbra el lugar.
   Un sitio vulgar se llena de gloria y viene a ser nuestra casa de paz cuando Cristo nace en él.

III. LA VULGARIDAD DEL MOMENTO: TIEMPO DE CONFLICTO

"Jesús nació en Belén de Judea en días del rey Herodes."
A. Hace algún tiempo que un periódico, queriendo contribuir al espíritu de la Navidad, tuvo una idea un tanto original. En su

página frontal aparecía un gran título:"Buenas noticias para el día de hoy." En un recuadro explicaba: "De acuerdo con el espíritu y la tradición de este día, nuestro periódico quiere ofrecerle en esta página exclusivamente buenas noticias. Si quiere saber sobre los acontecimientos normales del día, pase a las páginas interiores." Y, efectivamente, cumplía su palabra:

En la primera página:

— Un retablo representando la escena de Belén.
— Un papá Noel trayendo regalos.
— Una estrella eclesiástica repartiendo bendiciones.
— Un artículo de sabor dulzón y romántico.
— Peregrinos que van a Tierra Santa.

Pasando a las páginas interiores:

— Información sobre la guerra del momento.
— Un padre que, desesperado o trastornado, había puesto fin a la vida de sus tres hijitos y su mujer y luego se había quitado la vida a sí mismo.
— Algunos atracos.
— Otras tantas violaciones.
— Las usuales intrigas de los políticos.

B. Dos mundos aparte, separados por una muralla, como si la Navidad fuese algo tan extraordinario que no tuviera que ver con nuestros conflictos, angustias y luchas. Por bien intencionado que fuera, es una falsedad. La Navidad no tiene lugar en un momento especial en que nada pasa, sino en un momento vulgar de conflicto, entrelazado e inseparable.

C. "En los días del rey Herodes" que leemos en Mateo, no es una cláusula fortuita. Aquel era también un mundo de conflicto y violencia. La matanza de inocentes presta un fondo negro al acontecimiento. No hay páginas interiores para esconder el hecho. Está anclado en la historia bíblica, unido al nacimiento de Jesús.

Herodes había causado dolor y la muerte de muchos. Ahora siente horror, ante los presagios de las profecías y el conflicto aumenta.

D. Desde aquel momento los hombres empezaron a saber que el Dios que está en los cielos es un Padre amante. Que el supremo ideal de nuestro mundo es que los hombres puedan amarse y confiar en la llegada de un reino nuevo.

E. Dios irrumpe también en el día de hoy en nuestra vida de conflicto, de lucha, incluso de desesperación, para decirnos que hay esperanza, que él está cerca, que él puede marcar un nuevo principio.
Un momento vulgar, viene a ser el principio de una nueva era.

IV. LA VULGARIDAD DEL PROPOSITO: SALVAR DEL PECADO. LA VULGARIDAD DEL OBJETO: EL PECADO DEL HOMBRE

"Llamarás su nombre Jesús, porque él salvará a su pueblo de sus pecados."

A. El pecado es una realidad vulgar. Unas veces lo hemos cometido inconscientemente, otras muy conscientemente.

B. Muchos no creen que nuestros pecados están contabilizados en el cielo, pero una cosa es indudable, están escritos en la historia de nuestra vida y en algún momento se harán presentes.

C. No puedo especificar tus pecados, porque no los conozco; Dios sí los conoce. No puedo hablar de los míos, porque me avergüenzan, y también los conoce Dios. Pero puedo asegurarte que están ahí.

D. Los hermanos de José sintieron angustia recordando su pecado. David dijo: "Mi pecado está siempre delante de mí." Cuando Acab pretende gozar de la viña que ha robado a Nabot, basta la presencia de Elías, para tener remordimientos.

E. Jesús ha venido para enfrentarse con algo vulgar y corriente. El pecado ha tenido como consecuencia la humillación de Belén y la expiación en la cruz del Calvario. Jesús puede transformar nuestra naturaleza en una posición de gloria (Isa. 1:18).

Conclusión

Hemos visto cuatro aspectos vulgares de la Navidad: un nombre, un lugar, un momento, un objeto.

Quizá tu *nombre* es vulgar, pero unido al de Jesús, puede resultar en gloria.

Este *lugar* también es vulgar. Gente que se reúne en el templo. Tan vulgar que muchos no quieren venir. Podría ser este lugar de gloria para ti.

Un momento, el presente. La ocasión cuando Cristo se presenta a tu corazón. Un momento para traer delante del Señor los conflictos de tu vida.

Un objeto: tu alma de pecado que puede ser limpia, como la de un niño, para que no tengas de qué avergonzarte, para que estés listo para ser recibido por el bendito Padre celestial en el lugar que tiene reservado para ti.

Sindulfo Díez-Torres

COMO EXPERIMENTAR EL GOZO DE LA NAVIDAD
Lucas 1:26-38

Introducción

El anuncio del ángel Gabriel produjo gran gozo en los corazones de muchos en aquel día especial. Multitudes de creyentes hoy en día continúan disfrutando de este gozo inexplicable. Pero, para muchos, en lugar de una *celebración*, sus vidas son caracterizadas por mucha *lamentación*. Nadie quiere vivir una vida triste, presionada y con culpa. Entonces, ¿cómo, pues, puede uno experimentar este gozo? Necesitamos entender algo del milagro, del mensaje y del ministerio. Sin el milagro no tenemos mensaje; y sin el mensaje, la iglesia no tiene ministerio. Tratemos pues, tres pasos clave:

I. EL MILAGRO ES REVELADO

"Y ahora, concebirás en tu vientre, y darás a luz un hijo" (v. 31).
A. La revelación del milagro es por medio del anuncio. En respuesta a la pregunta de María (v. 34) el ángel revela que esto es un acontecimiento del cielo, *un milagro* (v. 35).
B. La revelación del milagro es por medio del cumplimiento (v. 37). Requiere una entrega humana. Esto incluye:
1. Una sumisión de amor.
"He aquí la sierva del Señor" (v. 38).
2. Una decisión de fe.
"hágase conmigo conforme a tu palabra" (v. 38).
3. Una confesión de esperanza.
Entonces María dijo: "...mi espíritu se regocija en Dios *mi Salvador* " (vv. 46-47).
"Y bienaventurada la que creyó, porque se cumplirá lo que fue dicho de parte del Señor" (v. 45). (Juan 20:29; Heb. 11:1, 6; 1 Ped. 1:3, 4, 8.)

II. EL MENSAJE ES DECLARADO

El milagro revelado nos lleva al mensaje declarado.
A. El mensaje declara la gracia de Dios.
"¡Salve, muy favorecida!" (v. 28).
1. La esencia de la doctrina de gracia (*charis*) es que Dios es por nosotros, mostrándonos un favor no merecido. "porque la gracia de Dios se ha manifestado *para salvación* a todos los hombre" (Tito 2:11).
"Y él os dio vida a vosotros, cuando estabais muertos en vuestros delitos y pecados, ...por su gran amor... porque por gracia sois salvos... y esto no de vosotros, pues es don de Dios (Ef. 2:1, 4, 8).
2. La suma de la gracia de Dios es la persona de Jesucristo.
"EMANUEL: Dios con nosotros" (Mat. 1:23) porque es por nosotros (Rom. 8:31).
"...pero la gracia y la verdad vinieron por medio de Jesucristo..." (Juan 1:14, 16, 17).
B. El mensaje declara la paz de Dios.
"María, no temas, porque has hallado gracia delante de Dios" (v. 30).
1. Jesucristo es el Príncipe de Paz (Isa. 9:6).
2. Por medio de Jesucristo tenemos *paz para con Dios* (Rom. 5:1).
3. En Cristo Jesús se halla la *paz para con Dios* (Rom. 5:1).
Esta paz produce *estabilidad en la vida* del hombre por la armonía que da entre los sentimientos y los pensamientos.
"Y la paz de Dios, que sobrepasa todo entendimiento, guardará vuestros corazones y vuestros pensamientos en Cristo Jesús" (Fil. 4:7).

III. EL MINISTERIO ES ENTREGADO (vv. 30-33).

A quienes se les haya revelado el milagro y declarado el mensaje por la gracia y la paz de Dios, ahora les es entregado el ministerio. ¿En qué consiste este ministerio de Dios entregado a los favorecidos por Dios?
A. Debemos exaltar su nombre.
"Este será grande,... y el Señor Dios le dará el trono de David..." (v. 32), (Isa. 9:6.)
1. En el futuro, Dios lo exaltará (Fil. 2:9-11; Apoc. 19:1-8).
2. En el presente, nosotros debemos exaltarle (2:20, 28-32, 38).
B. Debemos extender su Reino
" ...y su reino no tendrá fin" (v. 33).

1. Los pastores lo hicieron (2:20).
2. Simeón lo hizo (2:25-30).
3. Ana también lo hablaba (2:38).
4. Juan el Bautista lo predicaba (3:4-6).
5. Jesús para esto vino (4:14-22).
6. Y muchos más (i.e. mujer samaritana, María Magdalena, Pablo, Pedro, Felipe, Esteban, etc.), hasta el día de hoy.

Conclusión

"Y el ángel se fue de su presencia" (v. 38). Pero el mismo Dios, Emanuel, viene a morar en ella. Y la bendición sigue porque la Palabra de Dios nos enseña que al recibir a Cristo Jesús, el regalo de Dios, como nuestro Salvador personal, nosotros llegamos a ser sus hijos (Juan 1:12, 13) y templos del Espíritu Santo (1 Cor. 6:19, 20).

Crea y reciba a Cristo Jesús como su Salvador personal. Sólo entonces podrá disfrutar del gozo verdadero.

Ricardo F. Vera

LA NUEVA HUMANIDAD
Mateo 1:18-20; 1 Timoteo 3:16; Filipenses 2:5-11

Introducción

Navidad es la fiesta esperada por muchas personas. Quizá para algunos comerciantes es una ocasión para tener más ganancia, para el obrero es el momento de recibir un ingreso extra, para los niños es el momento de recibir regalos, para la familia en su trayectoria diaria en actividades es el momento para cenar juntos tratando de "vivir en paz y amor".

¿Qué significado tiene la Navidad?

I. ES LA VISITA DE DIOS A LOS HOMBRES (Mat. 18:25)

A. *Emanuel:* Dios con nosotros; el hombre al destruirse en sus pecados y delitos, necesita la misma presencia de Dios para indicarle el camino verdadero (1:23).

B. Dios se hizo hombre para salvar a su pueblo (1:21). El pueblo que andaba en tinieblas, en Navidad, vio la luz del *Hijo de Dios* (Isaías 9:2).

C. Nuestro país vive en pecado. Desde los gobernantes hasta cada uno de los ciudadanos necesitan vivir en la *luz del Evangelio*, necesitan entender que la Navidad que ellos celebran, es en realidad, la visita de Dios que quiere obrar en su vida, para darles vida eterna (Juan 5:24).

II. DIOS HUMANANDOSE PARA SALVAR AL HOMBRE (Fil. 2:5-11).

A. Siendo Dios, nació como hombre (Fil. 2:5-8).
B. Siendo hombre, se humilló a sí mismo. Dios no tolera el pecado, el hombre como pecador se rebeló contra Dios y fue *el sacrificio de Cristo, el que hace acepto a los hombres arrepentidos para vivir con Dios* (Rom. 5:8).
C. *Sólo en Jesucristo podemos encontrar la salvación y librarnos de una condenación eterna* (Fil. 2:9-11; Juan 14:6). Hay que confesar y reconocer a Jesucristo como Señor y Salvador. Cristo debe nacer en mi vida y convertirse en mi *Amo y Señor* debiendo renunciar a toda maldad, a todo pecado y seguir el *único camino, verdad y vida que es nuestro Señor Jesucristo.*
D. Jesús dijo en Marcos 7:21-23 que del corazón del hombre sale desde un mal pensamiento hasta el crimen. Si el país vive una crisis es porque hay muchos hombres que no son salvos y Cristo no ha nacido en sus corazones.

III. ES LA CREACION DE UNA NUEVA HUMANIDAD (1 Tim. 3:16)

A. Hay la necesidad de recrear al hombre, hacerlo una nueva criatura y sólo Cristo puede hacerlo (2 Cor. 5:17).
B. La religión celebra la Navidad, pero sin Cristo en el corazón. Hay muchos religiosos que se llaman cristianos pero no han nacido de nuevo y no viven en la nueva humanidad (Juan 3:1-7).
C. El ministerio de iniquidad es aquel que hace que el hombre sea inicuo, malvado. Satanás y sus ángeles caídos tratan de lograr que el ser humano se degrade y no escuche el *evangelio de Dios...* "Porque ya está en acción el misterio de *iniquidad* (2 Tes. 2:7; 2 Cor. 4:3, 4; Ef. 2:1-3).
Aunque religioso, el hombre está siendo llevado a degradarse y destruirse a sí mismo, por su pecado y por ser esclavo del diablo. Recuerde, *el diablo quiere destruir al hombre desde ahora* (ejem. el endemoniado gadareno [5:5] se destruía a sí mismo) y por la eternidad. Actualmente, el hombre se destruye consumiendo tabaco, licor, drogas, cometiendo inmoralidad, pleitos, guerras, delincuencia.

D. El ministerio de *piedad* (1 Tim. 3:16), es la acción del *Espíritu Santo* en los corazones de los que se entregan a *Cristo como Señor y Salvador*, para hacerlos participantes del *Reino de Dios*, creados para buenas obras, y desde ahora vivir una vida *cristocéntrica* y un día ser participantes de la *nueva humanidad de Cristo.*

Conclusión

En Filipenses 3:20, 21 dice que los creyentes en Cristo no sólo tienen *vida eterna,* sino que un día tendremos un cuerpo redimido, semejante al que Cristo llevó a los cielos. Primera de Juan 3:1-3, dice que somos hijos de Dios y cuando él venga seremos semejantes a él; Romanos 8:23 habla de la redención del cuerpo. Navidad es la *nueva humanidad que Cristo ha comenzado,* desde el día en que él nació en Belén y preparó discípulos que trajeron su mensaje a mi corazón, para que sea un *nuevo hombre y ser participante del reino de Dios...*(2 Cor. 5:17).

José D. Colchado Añasco

EL REGALO DIVINO
Lucas 2:1-14

Introducción

No cabe duda de que a todos nos gusta recibir regalos, como también es muy placentero darlos, especialmente a las personas que amamos. Y por cierto, esta es la época en que se acostumbra intercambiar regalos con motivo de la Navidad. Lástima que esto se haya mercantilizado tanto, perdiendo así su verdadero propósito.

Pero lo maravilloso es que Dios nos ha dado un gran regalo: La Navidad es el regalo divino al hombre. ¿Qué contiene este regalo divino? Contiene...

I. GOZO (Luc. 2:10)

A. Ese fue el contenido del mensaje angélico: "He aquí os doy nuevas de gran gozo."
B. Este sigue siendo el mismo mensaje de Cristo a todos los hombres, de todos los tiempos, en todos los lugares.

C. Nada puede darnos el gozo y la felicidad que Cristo trae al corazón, y cuando llega a ser nuestro, nada puede empañarlo.

II. PAZ (Luc. 2:14)

A. En un mundo siempre en conflicto, la paz de Dios es lo único verdadero y permanente.
   1. No es la aparente paz impuesta por las armas.
   2. No es la aparente paz que se busca en los tranquilizantes o en las drogas psicotrópicas.
B. Cristo es el Príncipe de Paz que acaba con nuestras luchas espirituales, turbaciones y temores (Juan 14:27).
C. Cuando el hombre ha hecho las paces con Dios por medio de nuestro Señor Jesucristo, es cuando principiamos a disfrutar de sus grandes bendiciones eternas (Rom. 5:1).
D. Hoy más que nunca el hombre necesita disfrutar de la paz de Dios que se encuentra en Cristo, en toda su plenitud (Juan 16:33).

III. AMOR (Juan 3:16)

A. El mundo fue hecho por Dios por amor y con amor.
B. El hombre fue hecho por Dios por amor y con amor.
C. El Hijo bendito de Dios vino al mundo a mostrarnos vívidamente el inmenso amor de Dios: Romanos 5:8.
   1. Sólo así se explica tan grande humillación que Cristo sufrió por nosotros: Filipenses 2:5-8.
   2. Sólo así se puede comprender tan sublime sacrificio efectuado por nuestro bien: 2 Cor. 5:21.
D. ¡Oh, Señor, que el hombre pueda llegar a comprender la magnitud de tu amor!

IV. SALVACION (Luc. 2:11)

A. El nombre Jesús, designado divinamente para Cristo, significa precisamente "Salvador".
B. Todo en Jesús es salvación o lleva a la salvación: Su nombre, su encarnación, su vida, sus milagros, su palabra, su muerte, su resurrección, su grandeza y poder, su amor, su perdón.
C. Jesús es el Mesías esperado, el Cordero inmolado, nuestro Sumo Sacerdote, Señor y Salvador, quien puede salvar a todo pecador arrepentido que le reciba en su corazón.

V. SEGURIDAD: "No temáis" (Luc. 2:10)

A. Buscamos seguridad en las cosas materiales de este mundo, pero éstas no pueden responder, pues un día se derrumban y desaparecen.

B. Las promesas humanas por más bien intencionadas que sean no pueden librarnos del temor y la inseguridad, pues todos los seres humanos nos encontramos en la misma situación de debilidad y pequeñez.

C. Pero Cristo es nuestra completa confianza, en él estamos plenamente seguros aquí y en la eternidad (Juan 10:27-30).

Conclusión

Un regalo desinteresado que es evidencia de sincero amor o amistad, siempre es bienvenido. Así es el regalo de Dios a esta perdida humanidad. Dios nos ha dado lo más grande, lo más precioso y sublime que él tenía: Nos ha dado a su Hijo unigénito, su amantísimo Hijo Cristo nos ha dado su vida en una entrega abnegada y sincera: Su regalo de amor (Juan 15:13).

¿Cómo corresponder a esta gracia, a esta misericordia divina derramada a raudales por nuestro bien? Como dice el salmista: "¿Qué daré a Jehovah por todas sus bendiciones para conmigo? Alzaré la copa de la salvación e invocaré el nombre de Jehovah" (Sal. 116:12, 13).

Bendito sea Dios que, a pesar de que somos malos y pecadores, nos da la oportunidad de encontrarnos con él a través de este regalo divino: Su Hijo amado, y hallar misericordia, perdón, salvación y vida eterna.

Tú que eres pecador, ven hoy a Jesús y acepta ese regalo divino de gozo, paz, amor, salvación y seguridad.

Fernando de la Mora Rivas